ARNAUD DÉMARE

UNE ANNÉE DANS MA ROUE 2

TALENT ÉDITIONS
115 rue de l'Abbé Groult, 75015 Paris

Photos de couverture : © Manuel Braun

ISBN : 978-2-37815-407-3

ARNAUD DÉMARE

UNE ANNÉE DANS MA ROUE 2

En collaboration avec Mathieu Coureau

Talent Sport

Sommaire

À Margaux, Morgane, à ceux que j'aime.

Avant-propos

La pluie avait cessé, je crois. C'était en novembre, il y a un an. Le ciel faisait encore des vagues. J'étais sorti marcher. Il y avait bien eu ce message, la veille au soir, avec sa voix qui me disait, sans virgule, je pense beaucoup à toi ces derniers temps j'ai un petit truc en tête qui mûrit il faudrait qu'on s'appelle ou que tu montes à la maison prendre un café.

J'avais souri. Monter à la maison comme on monte en haut du bourg, en voisin… séparés par 500 kilomètres. Puis j'ai oublié. Puis le lendemain, le téléphone a vibré. Un autre message vocal, souriant, une eau vive : « *Je crois que j'ai encore des choses à écrire, à raconter, à explorer. C'est dit ! J'arrive demain à Rennes pour la soirée des partenaires de l'équipe, ça tombe bien, non, on pourra en parler ?* »

Ainsi on repartirait, comme il y a trois ans, un enchantement, et on ne changerait rien. Ce ne serait toujours pas une biographie parce que les biographies l'ennuient, parce que ce serait de la prétention et qu'il n'est pas prétentieux. Ce serait son carnet de route et ses digressions. Ce serait pour dire plus encore le moment présent.

Il n'y aurait que lui, son vélo, et sur son porte-bagages, un cahier, un crayon, pour tout noter à chaud, tout rapporter, sans tri, sans choix, sans retour en arrière, les pensées brutes, vives ou profondes à l'heure de la nuit noire. Surtout, personne autour, l'instant sans aucun communicant.

Il y aurait peut-être la brutalité, comme la non-prolongation de son contrat à la Groupama-FDJ après dix ans d'exemplarité, 94 succès chez les professionnels avec l'équipe au trèfle, le coup de grâce avec sa non-participation au Tour de France quinze jours plus tard, à la fin du printemps 2023, le rebond chez Arkéa-B&B Hotels dès le mois d'août ; au-delà, bien au-delà, il y aurait les abandons, les silences, la peur, les « pourquoi », les « et si », l'intensité, la violence d'un peloton, ce cyclisme total de la nouvelle génération comme l'Ajax l'inventa en football, l'abnégation, la vie qui prend du temps, la passion, la paternité partout, les pauses, le jardin, les poules, les mûres et les hérissons. Ce serait dire le temps qui passe, l'âge qui n'en finit pas. Ce serait lui et elle, très chère Morgane, son épouse. Lui et elle, petite Margaux, leur fille à qui ils ouvrent la route.

Ce serait tout ça.

C'est tout ça, désormais posé là.

La pluie avait cessé, je crois. C'était en novembre. Et déjà, il me disait : « *Longtemps, j'ai mis de la distance avec les gens, l'environnement, concentré sur la performance, l'entraînement, la récupération, le sommeil. Or, on peut vivre les deux, sans œillères. Je le sais désormais.* »

On est repartis en itinérance, en équilibre, comme sur un fil, sans savoir quelles couleurs donnerait cette saison-là à ce livre-là, mais définitivement conscients que nous avions, en nous pour toujours, cette phrase de l'écrivain Philippe Brunel, confiée un midi, en terrasse à Saint-Germain-des-Prés : « *C'est une émotion le cyclisme, un long voyage, une mélancolie. C'est un genre, quelque chose d'existentiel.* »

Ce serait une longue lettre qui ne finirait jamais.

Mathieu Coureau.

Degemer mat

Dimanche 3 décembre 2023

C'est la rentrée institutionnelle. Avec tournage de clips promotionnels, séminaire de l'équipe, dîner avec les partenaires, randonnée cycliste avec les supporters. Trois jours en Bretagne, cette nouvelle terre d'accueil.

J'ai appris hier que « Keveler » voulait dire « partenaire » en breton. Que « degemer mat » signifiait « bienvenue ». J'en ai entendu des « degemer mat » pendant trois jours, c'était chaleureux, enthousiasmant. Les Bretons sont si fiers d'être Bretons.

Je suis donc descendu vendredi de ma Picardie en voiture, en passant par Rouen, tout seul, avec dans le coffre mon vélo de la fin de saison dernière pour le rendre au service course, qui se situe à Bruz, près de Rennes. L'idée était de remonter à la maison avec mon nouveau vélo d'entraînement et celui de chrono sur lequel j'avais déjà fait des essais de position à Loudéac, mais les mécanos n'avaient pu me bricoler qu'un prototype. Cette fois, j'aurai le vrai.

Je n'ai pas vu la route passer, comme on dit. J'ai enchaîné les coups de fil. J'ai pris mon temps aussi, fait mes pauses, j'ai pensé au programme, assez dense, des trois jours à venir. C'était un vrai premier rendez-vous avec l'équipe Arkéa-B&B Hotels qui s'annonçait, plus de cent cinquante salariés réunis, et notamment les trois équipes : la World Tour, la Conti et les féminines, toutes sous ce même nom.

Je suis arrivé un peu plus tôt que les autres, vers 14 heures, à Cicé-Blossac. Et on m'a emmené directement dans un bois, à Goven, à une quinzaine de minutes de là, pour tourner un clip vidéo de promotion de notre nouveau maillot. Ils avaient organisé une mise en scène autour d'Excalibur, l'épée du roi Arthur, roi des Bretons. J'ai donc commencé une carrière d'acteur… L'équipe de tournage devait vite monter le tout, car la diffusion était prévue dans le week-end sur les réseaux sociaux. J'ai fait un petit spot pour « La route se partage », aussi, puis on est passé en mode séminaire d'entreprise. Le soir, j'ai retrouvé Miles (Scotson), mon ancien partenaire de la Groupama-FDJ, que je n'avais fait que croiser rapidement sur les courses d'août et septembre, tous les deux sous deux maillots différents – ce qui nous faisait bizarre à chaque fois. On était contents de se voir. J'avais demandé, au moment où j'avais signé, que Miles me rejoigne à la fin de la saison. On a nos repères tous les deux et c'est un très bon coureur, précieux dans un collectif.

J'ai roulé samedi, une bonne sortie de trois heures autour de Bruz. J'ai trouvé le coin joli. Et samedi soir, c'était donc le grand dîner. J'ai envie de vous le raconter. J'ai toujours considéré que participer aux soirées partenaires, me rendre disponible pour ces rendez-vous un peu pompeux quand on les imagine de l'extérieur faisait partie de mon travail. Je ne vous écris pas ça pour faire bien, c'est la vérité. J'ai appris, au fil de mes saisons de cycliste, que ces gens qui investissent ont absolument droit à un retour, ont le droit de me voir, ont le droit à un « merci » de la part des coureurs. Donc, quand je suis invité et que ça peut se caler dans mon agenda, j'y vais de bon cœur. Je crois à ça, je crois à cette société-là. Dire « merci », c'est recevoir en retour. Depuis que je suis junior, je garde contact avec plein de gens, mes parents m'ont inculqué ça.

Je vous raconte ce dîner ? On était en plein milieu de la Glaz Arena, cette belle salle construite à Cesson-Sévigné, l'antre du club de handball qu'on appelle les Irréductibles ici, je crois. Des draps recouvraient les tribunes. Les gens étaient accueillis avec un maillot gonflable géant à l'entrée, il y avait les bus et les voitures de l'équipe garés là, comme des fauves endormis. Plusieurs tables rondes étaient disposées, nappées. Les coureurs et coureuses des trois équipes étaient dispatchés un peu partout, deux par table, avec les invités.

J'étais à celle d'Emmanuel Hubert, le manager général de l'équipe. J'avais déjà vu quelques partenaires ici même, c'était fin septembre, à l'occasion d'une soirée Keveler (partenaires !) qui dressait le bilan de la saison écoulée. J'étais un peu stressé ce soir-là, un des seuls coureurs, j'avais fait l'aller-retour en train dans la journée, je n'avais pas retenu tous les noms, je n'étais dans l'équipe que depuis deux mois à peine.

C'était sensiblement différent cette fois, j'étais presque un ancien. J'ai pu passer plus de temps avec les gens, avoir de vrais échanges, et puis l'objectif était de parler de la saison qui s'annonce. À table, il y avait donc Manu, accompagné du patron d'Arkéa, de celui de B&B Hotels, de responsables de communication, et il y avait Vincent Legendre. Des gens qui « pèsent » comme on dit, mais qui sont en réalité comme tout le monde et, surtout, qui sont de vrais passionnés de cyclisme et de sport en général. S'ils investissent, c'est aussi parce qu'ils nous aiment, nous soutiennent. On se fait souvent tout un monde de ces gens-là. J'ai croisé dans ma vie des Nicolas Sarkozy, Emmanuel Macron, Laura Flessel ou Tony Estanguet, et tous ont été simples dès lors qu'on parlait de sport. Le sport est un sujet universel, qui casse les barrières sociales et intellectuelles.

Ça me fait penser à une anecdote avec Sylvain Burel, membre du comité exécutif de Groupama. Il était venu sur le Tour de France en 2018 pour nous suivre. Il était en voiture 2, c'est-à-dire la voiture qui est positionnée derrière le peloton. C'était une étape de montagne. J'étais avec

Ramon (Sinkeldam), on se battait comme des chiens pour terminer dans les délais. Et on voyait cet homme, dans la voiture, en costume, nous encourager comme un dingue, nous hurler dessus, les bras déployés. Le soir, il nous avait dit : *« Les gars, je n'imaginais pas ce que pouvait être votre course, derrière. Je suis admiratif.* » Quatre jours après, je gagnais à Pau et il n'en revenait pas. Voilà. Les émotions, ça ne s'achète pas, ça se vit, ça se transmet d'être humain à être humain, comme un fluide.

Je reviens à ce repas. Ce qui m'a plu, c'est qu'il y avait tous les partenaires, pas simplement les plus importants ni les plus fortunés, je dis bien tous, même celui dont le nom ne figure pas sur le maillot ou le bus et qui donne cent fois moins que les autres. Tous logés à la même enseigne. J'étais avec Marie-Morgane Le Deunff, membre de l'équipe féminine, tous les deux avec nos tenues officielles, Manu Hubert, Vincent Legendre (groupe Legendre), Vincent Quandalle (B&B Hotels), Cédric Malengreau (Crédit Mutuel Arkéa), Aude, sa femme.

De quoi parle-t-on ? On me pose beaucoup de questions sur mon intégration dans l'équipe, sur les premières semaines de compétition au mois d'août 2023, sur mes deux victoires de fin de saison. On parle du nouveau maillot, que certains n'avaient pas encore vu et qui allait être présenté un peu plus tard dans la soirée. On blague pas mal. On parle voyages, vacances des uns et des autres, on parle de nos familles. Et de sport.

Aude, à côté de moi, est une dingue de sport. Elle a fait l'Ultra-Trail du Mont-Blanc, la SaintéLyon, le GR20 en Corse. J'avais quelques références grâce à Morgane, ma femme, qui court beaucoup. On a pu parler Diagonale des Fous, de tous les bons spots pour faire du trail, Madère, Gran Canaria où je pars souvent l'hiver. Elle me racontait un stage à Tignes où elle préparait l'UTMB. Tignes… je connais bien, souvenez-vous en 2021 sur le Tour de France quand j'avais terminé hors délai, une horrible journée que je vous avais racontée dans le premier livre.

Vincent Legendre aussi est un passionné de sport, de course à pied, de vélo. Je me demande parfois comment ces gens-là, très pris par leur travail et leurs responsabilités, font pour se dégager du temps et pratiquer. Ça reste un mystère pour moi, mais j'ai compris que c'était l'un de leurs rares sas de décompression, donc indispensable.

On a parlé de voile, forcément, en Bretagne. Ils suivaient, sur leurs téléphones, leur bateau, Paprec-Arkéa, qui participait à la Transat Jacques-Vabre. Je n'y connais rien, mais par contre je connais un peu le vent, un élément avec lequel on doit nous aussi composer à vélo, ce dont on a pu parler. Je pensais que les skippeurs changeaient sans cesse de direction, genre toutes les heures. En fait, pas du tout. J'ai appris plein de choses.

Ça devient vite bon enfant. Pendant le dîner, l'équipe continentale a été présentée ainsi que les nouveaux de la

World Tour, Florian Sénéchal, Miles, il y avait aussi des animations, des prises de parole… C'était très vivant. Toutes les équipes ne mettent pas sur pied ce genre de rendez-vous. Je trouve que c'est une belle marque de reconnaissance pour toutes celles et ceux qui mettent de l'argent dans la structure, à plus ou moins grande échelle.

Entre le fromage et le dessert, j'ai dû m'absenter pour enfiler le nouveau maillot en coulisse avec deux autres coureurs. On avait pour mission de le présenter en avant-première et en vrai, porté. On devait ensuite revenir, traverser la salle et monter sur l'estrade… On m'avait demandé de le faire avec une épée à la main. J'en rigole en y repensant, mais j'ai vraiment hésité à le faire. C'est intimidant d'entrer comme ça dans une salle avec un parterre d'invités en costume-cravate et de jouer la comédie, de faire comme si on était des chevaliers qui levaient une armée derrière leur passage et qu'on partait tous au combat. Je sortais de ma zone de confort. J'étais tendu ! Ça m'a fait penser à ce moment où on monte sur le podium d'une course qu'on vient de gagner. Je n'ai jamais trouvé l'exercice si facile, jamais été très à l'aise. J'ai fini par me lancer, jouant le jeu à fond, parce que j'ai ressenti cette envie d'emmener tout le monde avec moi, comme quand on met un dossard.

Le lendemain, dimanche, changement d'ambiance. La journée était consacrée aux supporters. Petit aparté : j'en avais déjà rencontré quelques-uns la veille à l'occasion d'une heure d'interview face à six lecteurs et abonnés du journal *Ouest-France*. C'était la première fois que je faisais ça. Il y avait, entre autres, un boulanger, un papa avec son fils, Côme, des passionnés, des gens sincèrement amoureux de vélo. C'était très sympa, plus convivial qu'un face-à-face avec un journaliste.

La matinée dominicale était donc consacrée à la randonnée cycliste avec les supporters de l'équipe. Pas une petite randonnée, entendons-nous bien : il y avait des centaines de cyclos, dès 9 h 30, répartis dans plusieurs groupes, aux niveaux et allures différents. On faisait une boucle au départ de la Glaz Arena, de soixante ou trente kilomètres, à trente, vingt-six ou vingt-trois kilomètres-heure de moyenne.

Je vous le dis : j'aime de plus en plus ça. Je vieillis, sans doute. Longtemps, j'ai mis de la distance avec les gens, les choses, l'environnement, concentré quasi exclusivement sur la performance, la récupération, l'entraînement, le sommeil tout au long de l'année. Ces points de repère, si importants dans la vie d'un sportif de haut niveau, sont toujours bien ancrés. Rassurez-vous, je ne serai pas toujours si disponible le matin d'une course avec un dossard dans le dos. Mais je me coupais sans doute trop de l'amour des gens, de notre popularité de cyclistes. On peut vivre les deux, sans œillères. J'ai pris conscience de ça il n'y a pas si longtemps, je dirais presque tardivement. Je savoure ces moments désormais, je partage, je prends le temps de quelques mots, conversations, et ça fait du bien.

J'ai donc reçu plein d'énergie positive, dimanche. J'ai vu des gens admiratifs, intimidés, alors qu'il n'y a pas de raison. Des supporters qui voulaient faire des selfies, mais dont les mains tremblaient. Je prenais leur téléphone et je faisais la photo. Des gamins marmonner leurs questions, timides, impressionnés, qui vivent le vélo sur le bord des routes ou devant leur télé, des parents me sortir des photos vieilles de dix ans ou plus quand j'étais devenu champion du monde espoirs.

Leur passion, je la vois maintenant, je l'entends. Beaucoup m'ont dit : « *Bienvenue en Bretagne, Arnaud* ». Une maman m'a dit : « *Merci d'être présent parmi nous* ».

Cette reconnaissance, spontanée, sincère, je l'ai prise de plein fouet. Je lui ai signé un maillot qui terminera dans la chambre de son petit après qu'il aura dormi avec pendant des semaines, m'a-t-elle prévenu.

Moi aussi, j'ai été cet enfant qui allait chercher des autographes à droite à gauche. Ça m'évoque un souvenir. Pour ses quarante ans, mon père avait reçu en cadeau la location d'un camping-car, pendant quinze jours, pour suivre le Tour de France.

Évidemment, il nous avait tous embarqués, ma mère, ma sœur et moi. Mes grands-parents suivaient dans un autre camping-car derrière. C'était en 2003, et quand on a douze ans, c'est une grande aventure.

On était d'abord allés voir la présentation à Paris, pour se mettre en jambes, car ce n'était qu'à une heure de route de la maison. On avait, le lendemain, vu passer Bradley McGee sur le bord de la route pendant le prologue (qu'il avait gagné), Armstrong, la Discovery Channel, Ullrich, Virenque, Jalabert… Puis, une semaine plus tard, tous dans le camping-car ! On suivait une étape sur deux ou trois. On se promenait, on visitait, on s'installait dans les fossés pour voir passer le peloton. On pédalait, aussi. J'avais monté mes premiers cols. J'ai des souvenirs du Tourmalet notamment, de cette foule au sommet.

Et de Narbonne. On avait récupéré par hasard des invitations pour aller au Village-départ. J'étais allé chercher les bracelets, tout excité, j'avais pris ça comme une mission de la plus haute importance. Et j'avais alors découvert un univers féérique avec les stands, les animations, les coureurs, les personnalités. J'avais mangé ma petite gaufre, mes bonbons Haribo, j'avais récupéré la grosse main verte PMU, mon bob Cochonou et j'étais heureux comme tout. Ma sœur avait confectionné une banderole sur laquelle elle avait écrit Casper (c'était notre Picard, notre vedette), Casar…

Donc, la maman qui, dimanche, est venue me voir avec ce gamin m'a rappelé tout ça. Elle m'a aussi rappelé, je vous l'avais déjà raconté dans le précédent livre, l'importance de l'investissement des parents pour emmener, ramener, encadrer les enfants, tout rendre possible. Le vélo, c'est une histoire de famille, un investissement collectif.

La rando, dimanche, était très bien organisée. J'ai aperçu, à un moment donné, le dossard 650. Imaginez le monde qu'il y avait. J'ai pu monter et descendre dans plusieurs groupes. J'ai roulé avec un gamin, Romain, qui passait junior à Laval, qui faisait ses débuts avec un « vrai » entraîneur. Pareil, ça me rappelait mes années de junior, magnifiques. J'étais passé de trois sorties par semaine, course comprise, entraîné par mon père, à dix/douze heures de vélo hebdomadaires et des entraînements planifiés. Je savais ce que vivait ce gamin. Je lui ai partagé mon expérience, on a parlé du Trophée Centre Morbihan, de la Bernaudeau junior, de toutes ces belles courses, du défi que cela représente d'intégrer tout cela au planning de l'école.

J'ai roulé avec un gars, aussi, qui avait repris le vélo depuis six mois après une rupture du tendon d'Achille. Il m'a raconté. On s'est retrouvés plus tard à la séance de dédicaces. J'ai roulé avec des partenaires croisés la veille. J'ai discuté avec la sœur de Martial Gayant, l'un des anciens directeurs sportifs de la Groupama-FDJ, qui habite dans le coin. Le monde est petit. Celui du vélo encore plus.

Je vous le redis : j'aime de plus en plus partager. Je vieillis, oui. J'ose plus facilement dire ce que je ressens, être moi-même. Ça fait du bien. Je crois aussi que le premier livre m'a ouvert à vous. Quand je vois quelqu'un arriver avec un exemplaire dans les mains pour que je lui signe, c'est une petite fierté et je sais que ça va être un moment de partage, de mots chaleureux, encourageants. Tous m'ont dit qu'ils avaient eu l'impression d'être avec moi pendant une saison, sur mon porte-bagages. C'était le but. Ils ont appris à me connaître, ont découvert que j'étais quelqu'un de sensible derrière une certaine froideur. La maman qui me remercie d'être présent, le papy qui me dit « *On vous suit, on vous regarde à la télé, on est avec vous* », ce monsieur qui me dit « *On est fier que tu aies rejoint la Bretagne* », ça me touche vraiment et ce n'est pas de la mégalomanie.

Depuis que je suis arrivé, encore plus depuis ces trois jours passés en Bretagne, j'ai la sensation d'arriver dans le cœur des gens, dans une région, un groupe, un collectif. Ça implique, évidemment, une grande responsabilité. Ça implique, bien sûr, d'être performant, de conduire l'équipe vers des succès.

À ce propos, les soubresauts de la saison dernière sont derrière moi (je vous en parlerai plus tard), je me sens très, très bien. Comme si j'avais un truc en plus au moment où débute la préparation, où s'annoncent les stages de présaison. Une énergie, un enthousiasme assez fou, une envie débordante à la limite de l'euphorie. Sans doute parce que j'ai bien morflé en 2023. Sans doute parce que je viens de retrouver une place de leader et que je me sens entouré, soutenu. J'ai l'impression de revivre. Vous me connaissez un peu maintenant, vous comprenez. Cela écrit, j'ai assez d'expérience pour savoir que j'ai encore énormément de travail pour être performant, que cet élan peut s'essouffler avec la difficulté des entraînements qui arrivent. Mais ce point de départ est très positif.

J'ai coupé un peu moins longtemps que d'habitude cet hiver, trois semaines et demie au lieu de cinq. J'étais fatigué mentalement après Paris-Tours. J'ai posé le vélo après un dernier stage sur la piste de Loudéac. J'ai ramassé. La pression est tombée, j'étais épuisé. Il m'a fallu une bonne semaine pour me régénérer.

On est partis sept jours à Madère avec Morgane et Margaux. On a passé la semaine à l'hôtel, on n'avait rien à faire, même pas à manger. On a profité de notre petite à fond, on se promenait avec elle, on se reposait quand elle faisait sa sieste, je vous parlerai d'elle dans un prochain chapitre. J'ai envie qu'elle connaisse son papa coureur cycliste de haut niveau. En rentrant de vacances, je suis allé faire un tour de vélo, une, deux, trois sorties avec Morgane, rien que tous les deux, pas vite. C'étaient nos moments. L'envie de rouler est revenue comme ça, naturellement. J'ai rebranché. D'ailleurs, on est début décembre et j'ai déjà fait quatre sorties de quatre heures, contre zéro d'habitude à la même époque.

J'ai deux semaines d'avance. Je suis focus. Le fait d'avoir gagné en toute fin de saison dernière a changé mon hiver et mon approche des choses. Ça m'a donné de l'élan. Ce week-end, des gens m'ont félicité pour mes victoires sur le Tour de Vendée et Paris-Bourges avec le maillot Arkéa. Mais moi, j'espérais et je voulais beaucoup plus. Je le répète : je veux beaucoup, beaucoup plus.

Quitter

Dimanche 10 décembre

Veille de départ pour le premier stage collectif de la saison, à Benicàssim, au nord de Valence, en Espagne.

Je pars demain après-midi. Un vol Beauvais-Valence.

J'ai envie d'y aller. J'ai envie de retrouver l'équipe. J'ai envie de travailler. J'ai envie de prendre le temps de ne penser qu'à mon métier. J'ai le sentiment d'avoir bien roulé ces derniers temps, mais je sais combien, à cette période de l'année, il y a des écarts de niveaux importants entre coureurs. Ce sera le premier test, un peu.

Je me dis que je n'ai jamais été champion du monde de l'entraînement au mois de décembre, donc je relativise. Je n'ai pas encore fait d'intensité ni d'exercices à une puissance-cible. J'ai juste roulé.

J'ai pu faire quelques sorties avec Clément Davy, mon ancien coéquipier de la Groupama-FDJ. Il s'est installé à trente-cinq kilomètres de la maison suite à une mutation professionnelle de sa femme. Il arrive que des cousins ou des copains m'accompagnent, tout comme mon papa, bien sûr, de temps en temps. Depuis ma reprise, j'ai aussi fait quelques sorties avec ce que l'on appelle ici le groupe « Super U » qui regroupe depuis trente ans, même si l'enseigne n'existe plus, des cyclos, des coursiers en reprise, des jeunes, des anciens. Ils se donnent rendez-vous tous les dimanches à 9 heures et il m'arrive de me joindre à eux.

Je roule seul la plupart du temps. Je m'adapte en fonction de la météo. J'ai le droit à un joker par semaine en cas de vrai, vrai mauvais temps. Mardi dernier, j'ai roulé quatre heures sous la pluie, j'avais grillé mon joker la veille…

J'ai juste roulé, donc, et j'ai sprinté. J'ai sprinté, ça oui. Des départs quasi arrêtés, à moins de dix kilomètres-heure, où j'ai emmené de gros braquets (54x15/14 pour les connaisseurs) dont je sais qu'ils descendront au fil des séances ; des départs lancés, face au vent, au soleil tombant, mon ombre portée comme adversaire imaginaire.

J'ai aussi vu mon préparateur physique personnel, Fabien Richard. Je vous avais parlé de ses séances dans le livre précédent, toujours ludiques et qualitatives, qui me font beaucoup de bien. Il est venu deux jours à la maison. Au programme : isométrie, corde à sauter, squats sautés, travail excentrique, pliométrie. Pliométrie ? Des répétitions de sauts à cent cinq centimètres de hauteur. Je vous invite à mesurer votre plan de travail dans la cuisine. Généralement, il culmine à quatre-vingt-dix centimètres. Ça vous donne une idée. Je mets trois ou quatre jours pour récupérer.

Avant de partir en stage, j'ai profité un peu. Des repas en famille et entre amis, des couchers un peu plus tardifs, tout ce que je ne m'accorde jamais en pleine saison afin d'optimiser ma récupération.

Je m'attends à souffrir, par moments, en Espagne.

Il est 19 heures au moment où je vous écris, la maison est comme un cocon calme avant les fêtes de Noël. Je n'ai pas encore fait ma valise. Le sapin est prêt, droit et fier au milieu du salon. Il est beau. On a mis tout ce qu'il fallait de boules et de guirlandes. Je le regarde différemment depuis qu'on a Margaux, huit mois désormais. J'aime toujours autant Noël.

Je ne pars pas si longtemps, je ne serai qu'à quelques heures de nuages. On annonce beau temps là-bas. Je serai revenu avant les fêtes.

Demain matin, Morgane m'embrassera et partira travailler. Mon avion ne décollera qu'en fin d'après-midi. J'irai faire un petit *run* de quelques kilomètres, avec Margaux devant moi dans sa poussette bien couverte, histoire de faire autre chose que pédaler, histoire de voir le paysage défiler moins vite, moins longtemps.

J'aime l'effort du running dont je me suis trop longtemps privé, par peur de la blessure, par peur d'idées reçues sur les fibres musculaires. Moi, ça me fait du bien alors je le fais. Lors de mes trois jours en Bretagne, j'étais parti courir le samedi matin avec Flo Sénéchal et Clément Venturini. À la fraîche, à l'heure de la gelée dans les champs, tous les trois, avant de petit-déjeuner.

Pendant ces sept ou huit kilomètres, Margaux s'endormira, comme souvent, bercée par le rythme de mes foulées, à moins qu'elle ne passe ses petites mains à travers la toile pour sentir le vent. Je croiserai quelques voisins qui nous salueront sur la route d'Abbecourt. Puis, je la déposerai chez sa nounou. Je la serrerai fort dans mes bras, je l'embrasserai sur ses cheveux fins de bébé, je la respirerai, c'est presque animal. Je la verrai par la baie vitrée avec un jouet dans la main droite et sa petite main gauche qui essaiera de me saluer.

Demain, j'aurai à nouveau cette désagréable sensation de les abandonner. Demain, je détesterai les quitter.

« Je vais avoir besoin de toi »

Jeudi 21 décembre

Une semaine à la maison, entre deux stages. Le programme de la saison, copieux, discuté et âprement négocié en Espagne, occupe les pensées.

À Benicàssim, lors du stage, je me suis refamiliarisé avec certains visages aperçus en Bretagne. On a, cette fois, roulé huit jours ensemble. Ceux qui commencent leur saison dans quinze jours en Australie étaient déjà en forme. Et ce à quoi je m'attendais s'est produit : j'ai mal partout, musculairement cassé.

Le lendemain matin de mon arrivée en Espagne, après une nuit assez courte, le réveil de Flo Sénéchal, avec qui j'étais en chambre, a sonné tôt, vers 7 heures. Je lui ai dit : « *Mais qu'est-ce que tu fais, on ne part rouler que dans deux heures et demie ?* » « *Je vais courir* » m'a-t-il répondu.

Alors j'ai sauté de mon lit et je l'ai accompagné. À jeun. J'avais un peu mal aux pattes de la veille. Il ne faut vraiment pas courir comme ça à haute intensité, ne pas en abuser quand on n'est pas habitué, au risque de se carboniser. On était en bord de mer, petite allure, on a vu le soleil se lever.

On passera du temps ensemble avec Flo. On aura tous les deux un rôle important sur les classiques. Il fera partie de mon train un bon moment de l'année. Je voulais apprendre à le connaître, créer des liens. Il a une fille un peu plus grande que la nôtre, deux ans. On parle biberons, couches, dans la chambre. On parle de nos femmes. On se dit que ce n'est pas simple pour elles quand on s'absente. Réveil dès six heures le matin, les petites à gérer, à déposer chez la nounou, partir au travail. Pas le temps pour le sport, pour autre chose. On le sait. Je le sais.

Peut-être trouvez-vous cela assez spécial de se retrouver comme ça avec un autre coureur en chambre, sans affinités particulières, en tout cas au début. Ça l'est. On a nos deux lits simples, nos affaires étalées partout, nos appels, nos visios. On fait attention à l'autre, on essaie de ne pas gêner, de respecter l'intimité de chacun. Et puis on s'habitue à l'autre assez vite, ça fait des années qu'on fonctionne comme ça. On a des points communs avec Flo. C'est un Nordiste. On était dans le même club chez les juniors, à Wasquehal, on avait le même entraîneur, Hervé Boussard. On a partagé pas mal de sélections en équipe de France. Aux championnats d'Europe, j'ai demandé par deux fois à ce qu'il soit mon poisson-pilote. On aime les mêmes courses. On est souvent ensemble dans le gruppetto. On parle la même langue. On se comprend. C'est un mec simple.

On a beaucoup bossé pendant huit jours. Je n'ai pas eu une minute à moi. On faisait des sorties de quatre heures, minimum. Départ à 10 heures. Pause pipi. Pause casse-croûte. Débriefing. Retour à 15 heures. Douche. Déjeuner. 16 heures. Massage. Réunion. Parfois un shooting photo à caser. Une interview. Une séance de musculation lourde avec squats, soulevé de terre. C'était intéressant. Les petites courbatures le lendemain. D'ailleurs, je dois louer l'accueil et la dévotion des employés de l'hôtel, qui ont été super arrangeants compte tenu de nos horaires singuliers.

Parmi les quelques réunions, un rendez-vous important : celui portant sur mon programme de la saison. On était dans une petite salle. Il y avait le staff, dont mon entraîneur qui est aussi le responsable de la performance. Vous pensiez peut-être que tout était déjà acté depuis longtemps ? Qu'en tant que leader, je choisissais de A à Z mes courses, comme on choisit ses plats au restaurant la carte déployée devant soi ? Pas du tout. On en avait un petit peu parlé à Loudéac, mais le staff ne connaissait pas le calendrier définitif de l'équipe. J'avais seulement donné des tendances, des préférences.

Ils m'ont donc présenté leur vision des choses. Ils voient en moi la possibilité de gagner des points sur chaque course, ce qui sera primordial pour qu'Arkéa-B&B Hotels se maintienne au niveau World Tour. Il se dit qu'entre gagner une étape sur une épreuve d'une semaine ou jouer la gagne sur trois courses d'un jour, la deuxième option est la meilleure. Il a donc fallu que je me confronte à cette façon de fonctionner, ce que j'avais déjà un peu pressenti en août, car je n'étais pas habitué à cette course aux points dans ma précédente équipe. Mais aussi que je pose des limites, qu'on trouve des terrains d'entente à certaines périodes.

On a eu des échanges très directs, francs, ce que j'ai beaucoup apprécié. Quand ils m'ont proposé Majorque, Almeria, Algarve, Kuurne, le GP de Samyn, Paris-Nice, Milan-Turin, Milan-San Remo, De Panne, Gand-Wevelgem, À travers la Flandre, Paris-Roubaix, tout ça un peu dans le désordre pardon, je leur ai dit qu'il y avait une course de trop. Que ce serait soit Samyn, soit Milan-Turin par exemple.

Pourquoi ? Parce que je veux avoir la gnaque quand je mets un dossard, être assez frais mentalement. J'aime m'entraîner pendant un long moment, tout mettre en œuvre pour n'avoir aucun regret, donner le maximum, faire preuve de sérieux, d'application, puis mettre le bouton sur « on » et partir à l'assaut. Mais aussi souffler quand il le faut, car à chaque course, vous le savez mieux que personne, je me mets la pression, en plus de celle d'être un leader attendu, un statut que j'assume. Je veux et je dois lever les bras, performer, et ça passe aussi par des moments où je débranche, où je relâche.

On a donc ajusté, échangé pendant une petite heure. Algarve oui, parce que pour moi, c'est une bonne course de reprise. Almeria que je n'ai jamais faite, tout comme Majorque. Je voulais m'aligner au départ du Het Nieuwsblad puis de Kuurne, des courses dynamiques que j'adore même si j'ai peu de chance d'y gagner. Ils m'ont dit non au Het Nieuwsblad, un choix pragmatique et logique. Idem pour le Tour des Flandres que j'avais proposé de faire comme équipier pour Flo ou Mathis Louvel, c'est une course tellement magnifique. Ils m'ont dit qu'ils ne m'attendaient pas là. On a donc validé Paris-Nice. Mais aussi Milan-Turin, une course que je n'ai pas l'habitude de faire, le mercredi avant Milan-San Remo. Et le GP de L'Escaut, juste avant Paris-Roubaix, sur lequel j'avais pris l'habitude de faire l'impasse. J'ai de toute façon compris que pour gagner Roubaix, il fallait vraiment que toutes les planètes s'alignent : une grande journée, pas de pépin, pas de casse, des circonstances de courses favorables.

Voilà comment ça se passe. Il faut trouver un équilibre, caler des plages de récupération. Il en a d'ailleurs été question pour l'après Paris-Roubaix. Ils avaient prévu que je parte pour un long stage en altitude, trois semaines en Sierra Nevada, une semaine après la reine des classiques et ce gros bloc de début de saison. Je leur ai donc dit que, par conséquent, ma saison s'arrêterait après le Tour de France compte tenu de la charge mentale qu'impliquait ce programme. On a tous rigolé et je leur ai alors expliqué que je considérais que ça ferait trop court pour me régénérer.

On l'a donc décalé de deux semaines. Ces deux semaines vaudront de l'or pour moi, je le sais déjà.

Petit aparté, en parlant de la Sierra Nevada… J'y suis allé une fois, pareil, en stage. C'était en janvier et février 2020, dix-sept jours. On avait beaucoup travaillé. On s'était ensuite rendus au départ du Tour des Émirats arabes unis. On était en pleine forme. Et on s'était retrouvés confinés, durement, à cause du Covid qui prenait des proportions mondiales. Vous vous souvenez de nos vidéos, coincés dans nos chambres d'hôtel pendant des jours et des jours ? On pétait les plombs. Littéralement. On mettait à la poubelle tout le travail qu'on venait de faire et ça nous rendait fous, sans avoir conscience de l'ampleur que prendrait cette pandémie plus tard, des milliers de morts qui ont endeuillé des familles.

J'ai demandé aux directeurs sportifs de décaler ce stage, donc, mais aussi d'avoir l'autorisation d'emmener avec moi les filles pour la première semaine. Ce qu'ils ont accepté volontiers. On ne roule jamais beaucoup les six ou sept premiers jours, le temps pour le corps de s'acclimater à l'altitude. Avoir Morgane et Margaux avec moi me fera donc du bien. Puis elles rentreront dès lors que l'on attaquera les séances intensives. C'est ce que font les grandes équipes comme Visma. Tous les mecs sont dans leurs appartements avec leurs familles, puis, une fois acclimatés, elles rentrent et eux intensifient le travail. Elles ont tout compris. Ça donne de l'élan, plutôt que d'être déprimé dès le premier jour en se répétant « *ça va être long, ça va être long* ».

On sera sans doute huit coureurs en Sierra Nevada. C'est beaucoup. J'ai connu des stages en altitude, sur l'Etna notamment, où on n'était que deux : Ramon (Sinkeldam) et moi. C'était tellement bizarre et long. Morgane était venue, mais on n'avait pas le droit de séjourner dans le même hôtel.

Forcément, le fait d'avoir décalé ce stage de quinze jours repoussera aussi la reprise de la compétition. Là encore, il a fallu trouver des solutions. Plutôt que de courir une douzaine de jours après le retour, ce qui est généralement la norme pour bien assimiler les efforts consentis en altitude, je reprendrai un peu plus tôt en Belgique puis à Cologne, deux courses d'un jour où, potentiellement, je pourrai marquer des points. Ce sera ça à la place des Boucles de la Mayenne où on aurait sans doute dû porter le poids de la course pendant quatre jours, ce que l'équipe devra apprendre, d'ailleurs, cette saison.

Enfin, j'ai demandé à disputer une course à étapes d'une semaine avant les championnats de France, fin juin, puis le Tour de France. Ceci pour me confronter à des cols, car les deux premiers jours de la Grande Boucle en Italie seront durs et qu'une, ou deux, ou plusieurs victoires avant ne me suffiront pas à me rassurer, je le sais. Ce sera probablement le Tour de Suisse.

Voilà, on a appris à mieux se connaître pendant une heure.

J'ai fait mes petits calculs : je n'aurai qu'une semaine pleine à la maison d'ici Paris-Roubaix. Le reste du temps, ce sera un jour ou deux avant de repartir. On a la chance de ne pas habiter très loin de la Belgique. On s'organisera avec Morgane pendant cette campagne de classiques. On louera peut-être de temps en temps un appartement qui me permettra de rester sur place, de me faire masser, de rester dans l'ambiance, tout en pouvant profiter d'elle et de Margaux.

Sitôt sorti de la réunion, j'ai envoyé un message vocal à Morgane. Je ne lui ai pas donné le programme complet. Je lui ai dit : « *Je vais avoir besoin de toi. Je ne vais pas être beaucoup à la maison. On oublie encore une fois le jardin.* » Je lui annonce, finalement, qu'il n'y aura encore pas beaucoup de place pour nos projets personnels. Elle l'a intégré et elle est toujours aussi merveilleuse. On en a discuté l'été dernier. Il me reste combien d'années au plus haut niveau ? Trois ans ? Quatre ? Deux si je vois que je ne gagne plus et que j'en ai marre ? Elle sait ce qu'on doit encore consentir comme efforts, tous les deux : mettre de côté le développement de son cabinet de podologie par moments, pour que moi je puisse vivre mon truc à fond afin de performer et n'avoir aucun regret.

Tous les ans, j'ai l'impression de l'abandonner, de lui mettre un coup de massue sur la tête avec ce message vocal. De lui infliger mes siestes, mes passages en coup de vent à la maison, un rythme de vie soutenu, anormal, mes absences. Dans cette équation, il y a désormais Margaux.

Mercredi, au lendemain de mon retour de stage, elle m'a souri. Un vrai sourire, pas une grimace. C'était la première fois autrement qu'en visio au téléphone. Ça m'a ému aux larmes.

Quelques heures après mon message vocal, j'ai donc appelé Morgane. Je lui ai transmis par mail mon programme de courses. Comme toujours, elle m'a dit : *« On est là, on est avec toi, on va s'organiser, ne t'inquiète pas. »* Je n'ai même pas de mots pour décrire ce que je ressens à chaque fois que je l'entends dire ça. On appelle ça de l'amour, non ? On a fini par en rire. Mon père nous plantera une fois encore les tomates et ils les récolteront pendant le Tour de France, sans moi.

Et puis encore une fois, il faudra que j'optimise mes retours à la maison, que je débranche vite, que je gère la fatigue. Quand je suis rentré du stage, mardi soir, j'étais carbonisé. Hier, couché à 21 h 30, réveillé à 11 heures. Je découvre le toboggan du soir que vivent tous les parents. Dîner avant la petite. La mettre en pyjama. La coucher. Prendre le dessert. Faire une lessive. Se dire vite, vite, il faut je j'aille dormir moi aussi. Étendre le linge. Parler encore un peu. Et au lit parce que demain, parce qu'encore.

Je vous ai finalement assez peu parlé du travail effectué pendant ce stage en Espagne. En quelques lignes : on a mis de bonnes charges de travail. On a bossé le train, aussi, une journée. J'avais mon idée sur la façon d'associer les gars qui m'emmèneront dans les sprints : dans l'ordre, Dan McLay, impressionnant quand il s'agit de lancer, puis Miles Scotson et enfin Florian Sénéchal. Ce sera le gros train pour les épreuves comme Paris-Nice ou le Tour de France. Sur les autres courses, notamment en début de saison, je retrouverai sans doute Mathis Louvel, Donovan Grondin et Amaury Capiot. Rien n'empêchera, néanmoins, que ces gars-là soient ajoutés aux trois autres. Miles et Dan débutant en Australie, je les retrouverai sans doute plus tard.

On a donc enchaîné les simulations, six au total, espacées de dix minutes, avec des niveaux très hétérogènes entre coureurs. Des simulations sur deux kilomètres. Trois mecs font le tempo, puis les trois autres mettent en route le train. Et certains tournaient déjà fort. Cette journée m'a fait super mal. Après une simulation, je crachais déjà mes poumons. Au bout de deux, je peinais à doubler Dan quand il lançait. Je sais que ça n'arrivera jamais en course, mais j'en rigole en y repensant. J'ai eu mal, mon Dieu que j'ai eu mal à ces niveaux d'intensité ! Je me jetais dans la bagarre à la fierté, à l'orgueil. Je donnais tout, jusqu'à exploser complètement. On avait mis des plots sur le bord de la route pour avoir nos repères, les bonnes distances, par rapport à une ligne d'arrivée imaginaire. Il m'est arrivé de ne pas la voir tellement j'étais mort, plus vraiment lucide. À deux cents mètres, le mec s'écartait, et moi j'avais l'impression que le plot reculait, reculait… On a fait six simulations comme ça.

On s'est aussi entraîné au chrono par équipe en vue de Paris-Nice. C'est donc la veille au soir qu'on a appris la composition de l'équipe. Elle sera belle. C'était propre, les plus forts faisaient plus long. Me sont revenus pas mal de conseils que nous distillait Stefan Küng à la Groupama-FDJ. Je l'ai côtoyé longtemps, Stefan, et c'était une sacrée référence sur cet exercice. Donc, parfois, je me permettais de transmettre deux ou trois trucs aux gars. C'est un peu compliqué d'oser faire ça, d'ailleurs, parce que je ne suis pas spécialiste du chrono et encore moins un donneur de leçon. Un petit exemple : quand tu es le dernier relayeur, en bout de file, et qu'on te demande de te relever, de mettre les mains sur les cocottes pour abriter le mec qui va arriver derrière toi, tu mets les mains sur les cocottes, tu n'as pas le choix, c'est comme ça. Je me faisais engueuler quand j'oubliais de le faire ne serait-ce qu'une fois, avec Stefan. Chaque détail a son importance.

Chaque soir, j'étais fatigué. Ce stage m'a replongé dans le vrai rythme du travail. Aux dîners, j'écoutais, pas toujours capable de mieux, tout juste à m'immiscer dans les commentaires des gars qui scrutaient les sorties des autres équipes sur Strava. C'est le grand jeu à l'hôtel en fin de journée, ça. Tout le monde est en stage en même temps, tout le monde poste ses sorties sur les réseaux sociaux. À table, il arrivait à quelques jeunes de s'étonner d'une sortie de sept heures de l'équipe DSM, jusqu'à se dire que, peut-être, on ne roulait pas assez. Florian se montrait alors rassurant, parlait de son expérience à la Quick-Step qui mettait en route en janvier.

Moi, je m'en fichais. Quand je rends publiques mes sorties, c'est pour les copains ou pour m'éviter d'avoir à les raconter à mon père. S'il y avait une case pour ne publier qu'aux amis proches, je le ferais. Il n'y a rien d'impressionnant à rouler sept heures ou à faire du dénivelé en décembre. Tout dépend de la vitesse à laquelle on le fait.

Je dois d'ailleurs dire que c'était agréable d'être dans cette petite ville plus tôt qu'à l'accoutumée. On était seuls, ça changeait de cette impression chaque matin de prendre le départ d'une course World Tour tant il y a d'équipes à s'entraîner en même temps, en décembre, à Calpe. J'en étais rendu à faire des cauchemars la nuit : on ne m'avait pas donné le parcours du lendemain et je paniquais. J'exagère à peine.

C'étaient donc mes premiers gros efforts, même si j'avais la sensation que le terrain n'était pas assez accidenté en termes de dénivelé. Je sais par expérience que tous les ans à cette période, je ramasse. D'ici quelques semaines, tout sera différent. Je serai parti en stage personnel à Calpe, avec les filles, pendant dix jours. Je vais y bosser dur, quand trois quarts des coureurs passent les fêtes et le réveillon du Nouvel An chez eux, en famille. Je vais les rattraper.

Poulailler's song

Vendredi 22 décembre

Le papa, la musculation, la clôture et les poules.

Vous le savez : la musculation, le gainage, le renforcement font partie intégrante de ma préparation depuis de nombreuses années. Ça se passe à chaque fois chez mes parents parce qu'on est un peu à l'étroit chez nous depuis que Margaux est née, mais aussi parce que j'ai besoin d'une grande hauteur pour les appareils.

Mon père a un préau sous lequel il gare le camping-car et stocke mon matériel. Quand j'en ai besoin, il le déplace et là, je suis royal, à l'abri quand il pleut et à l'air libre en même temps.

Quand j'arrive en retard, comme souvent, il a déjà tout installé et on s'y met.

Je dis « on » parce qu'en début de saison, je l'ai embarqué dans mes séances. C'est venu comme ça : « *Tiens, et si tu en faisais un peu avec moi ?* » Il n'était pas très chaud. « *Tu fais à ton niveau, ce n'est pas grave.* » Je lui ai montré les exercices, il s'est lancé, on a mis de la musique et il a petit à petit pris du plaisir, à tel point que c'est souvent lui, désormais, qui me demande quand est-ce qu'on remet ça. On passe des moments privilégiés ensemble, on se soutient l'un et l'autre. Je crois aussi qu'il a vite mesuré une différence sur le vélo.

Il fait ça très bien, à son rythme. Il progresse. Ce matin, on a commencé par un gros échauffement, comme d'habitude. Corde à sauter, travail d'échelle un peu comme les footballeurs. Puis on a poussé quatre-vingt-dix kilos en squat. Quand j'ai commencé, je me suis dit qu'il allait en baver. J'étais derrière au cas où il fallait l'aider à remonter, mais il l'a fait et il en était fier, comme un jeune homme.

J'ai de la chance de vivre ces moments-là. Je n'ai pas l'impression de bosser quand il est là. On peut tout se dire. Je trouve qu'il vieillit bien, mon père. Après nos séances, on prend le café tous les deux. On cause.

Vraiment, j'ai de la chance. C'est lui qui m'a emmené à l'aéroport à Beauvais pour aller au stage en Espagne. C'est lui qui est venu me chercher au retour, à Orly cette fois. Trois heures de route. « *T'inquiète pas Nono, c'est avec plaisir.* » Il y a tellement d'amour, de dévouement.

Entretemps, il a refait la clôture de mon poulailler. Les dames poules s'échappaient et ravageaient nos massifs de fleurs, grattaient le potager. Je devais m'en occuper pendant la coupure, mais je n'ai jamais trouvé le temps. J'avais acheté le grillage, les poteaux. Il a fait un truc impeccable.

Ça me donne envie de refaire un peu le « cheptel ». Au printemps, on ira, je l'espère au marché aux volailles de Gournay-en-Bray, à une petite heure d'ici. On achètera des poules de Gournay, une race ancienne. Elles sont noir et blanc et pondent des petits œufs blancs qui donnent des omelettes sublimes quand je vais les chercher frais, le matin. Margaux les adore, nos poules. Je l'emmène jeter les graines, contre moi dans le porte-bébé. Elle gigote. Elle sourit. On va la gâter à Noël. Puis on partira tous ensemble direction Calpe, en Espagne. J'ai besoin de rouler au chaud.

Colère

Lundi 1er janvier 2024

Laisser derrière soi 2023… autant que faire se peut.

On se dit souvent que le passage à une nouvelle année est une remise à zéro des compteurs. Comme un chapitre qu'on ferme. Comme un élan, aussi.

L'année dernière, sensiblement à la même période, « l'affaire » Gaudu allait me prendre la tête. Puis j'allais choper le covid. Le début de saison avait été si compliqué. Le printemps avait été compliqué. L'été avait été compliqué. S'entendre dire que tu ne participeras pas au Tour de France, malgré les promesses. S'entendre dire que ton équipe de toujours ne compte plus sur toi la saison prochaine, malgré une implication sans faille, des résultats pendant douze ans. S'entendre dire ça comme ça, au téléphone. L'impression de prendre feu, d'entrer en tempête.

Pendant des mois, j'ai traîné une colère, des sentiments d'incompréhension, d'injustice, de trahison. Je ressens toujours cette colère. Elle m'accompagne. On s'accommode. Je n'ai pas envie d'écrire là-dessus. Pas encore. Ça viendra peut-être, peut-être pas.

Je n'ai pas envie de pardonner. Je ne pardonnerai pas. C'est tout autant de l'orgueil que de la souffrance, de la fierté qu'une sincérité profonde. Pourquoi je tricherais sur mes émotions ? C'est comme ça, elles sont là, je fais avec.

Moi, j'y crois à ces élans, à ces petits symboles de rien comme le passage à une nouvelle année. Ce premier jour de 2024, je me sens bien, délesté, apte à tourner la page, disponible. Il est à peine neuf heures. Je n'ai pas fait le fou hier soir, vous me connaissez, vous connaissez un peu les réveillons des cyclistes, les miens en tout cas.

Depuis le balcon, je vois le Peñón de Ifach, ce rocher qui domine la plage de Calpe, symbole de la Costa Blanca. Il y a mon père, ma mère, Morgane, Margaux. Il fait doux. Il fait tiède, déjà. Le ciel et la mer sont lisses.

972 kilomètres, une dent

Lundi 8 janvier

Récit d'un nouveau stage personnel, et en famille, à Calpe, en Espagne, entre le 28 décembre et le 7 janvier.

C'est tellement indispensable de partir rouler au soleil en cette période de l'année. Il ne faisait pas beau en Picardie, je n'aurais pas pu y faire grand-chose.

Ça a mal commencé. Je suis tombé malade deux jours après le réveillon de Noël. Je ne sais pas si c'était les huîtres, comme pour beaucoup de gens. Je n'ai rien mangé le jour du voyage, allez, peut-être trois cents calories, mais pas plus. J'avais pourtant un programme chargé, dès le lendemain. Je fonctionne en blocs de travail, là-bas : trois jours sur le vélo, une journée de repos, et ainsi de suite. Une chance : je n'ai pas eu besoin de transporter mon vélo. Théo Ouvrard, mon entraîneur, me l'avait descendu de Benicàssim, où on était en stage d'équipe au mois de décembre, jusqu'à Calpe. J'avais donc mon vrai vélo de course, position parfaite, les belles roues. Avec le cosy, la poussette et deux valises pour trois, ça faisait déjà beaucoup.

Margaux, elle, nous a fait une petite dent, comme on dit. Elle était ronchon, on ne la reconnaissait pas, réclamant les bras, difficile à coucher, quatre ou cinq réveils par nuit, un grand besoin de notre présence. En bons jeunes parents, on a commencé à se poser mille questions. On avait presque décrété qu'elle était comme ça parce qu'elle ne s'habituait pas à la chambre. Ça s'était pourtant très bien passé à Madère pendant nos vacances. On a compris quand elle nous a fait de la fièvre au bout de deux jours et qu'elle mâchouillait tout ce qui passait à portée de main. Ses deux dents du bas étaient déjà sorties. Là, c'était une du haut. Elle a été malade autant de temps que moi.

Ça a donc mal commencé. J'ai quand même fait mes sorties de quatre heures, en me traînant. J'ai fait de l'endurance, à deux à l'heure. Papa m'accompagnait souvent, une chance. Il raccourcissait d'une heure ou pas, selon ce qu'il avait envie de faire. On s'organisait des boucles. Morgane m'accompagnait sur mes journées de récupération où je me contentais de deux heures de vélo. Maman gardait Margaux pendant ce temps-là. La poussette a dû faire une trentaine de bornes en une semaine, elle l'a beaucoup promenée, a profité de sa petite-fille au maximum, ce qui a permis à Morgane de faire du sport, ça lui manquait, et nous de passer des moments tous les deux.

J'ai aussi roulé avec Ramon (Sinkeldam), mon ancien coéquipier, qui était en stage à Moraira, un peu plus loin. On se rejoignait de temps en temps en fonction de nos exercices. On faisait nos pauses café, on adore ça. J'étais rejoint, parfois, par un copain, Baptiste, qui était en vacances avec sa copine, Juliette. Il nous arrive de rouler ensemble en Picardie. C'était marrant de se retrouver là-bas, avec un peu plus de dénivelé.

J'ai récupéré assez rapidement après mon virus intestinal. Et j'ai finalement pu faire un gros stage en termes de volume. J'étais content de ces huit jours. J'ai même pu commencer le travail d'intensité à la fin, du fractionné, ça répondait bien. Comme souvent, j'ai terminé très fatigué. J'avais amené des affaires pour faire un peu de running et de la musculation. Je ne les ai pas sorties.

J'ai analysé quelques chiffres en rentrant à la maison hier soir : huit jours, neuf cent soixante-douze kilomètres, trente-quatre heures de vélo. Une dent.

Toc, toc, toc

Mercredi 10 janvier

Toc, toc, toc, c'est le contrôleur.

Ça a sonné à la porte de la maison ce matin, vers 6 h 30. Un contrôleur antidopage. Je venais d'uriner trente minutes auparavant. Je m'étais levé tôt, j'avais un avion à prendre en fin de matinée pour rejoindre l'équipe à Gandia, en Espagne, lieu de notre deuxième stage collectif. Je venais de passer deux jours avec Fabien, mon préparateur physique personnel, pour nos séances habituelles durant lesquelles on travaille l'explosivité, le gainage et plein d'autres choses. J'étais, là encore, bien fatigué, bien courbaturé.

Et j'ai mis deux heures à remplir les quatre-vingt-dix millilitres obligatoires. J'ai bu trois tisanes, de l'eau, de l'eau, de l'eau. Soixante-dix millilitres. Insuffisant. Rebelote. Quand je vous parle de fatigue qui s'accumule, voici un autre petit exemple concret. Quatre-vingt-dix millilitres. J'ai sauté dans la voiture direction l'aéroport.

Fatigue, assimilation, pression

Mercredi 23 janvier

Le troisième stage en un mois (11-19 janvier), le deuxième avec l'équipe Arkéa-B&B Hotels, s'est achevé il y a quelques jours à Gandia, toujours en Espagne. Après quelques jours à la maison, voici venu le coup d'envoi de la saison à Majorque, demain.

Je me mets la pression. Pour tout. La saison va commencer. Je suis focus sur ce que je fais. Je priorise tout, je trie : l'urgent, l'important, le reste. Je ressens de l'appréhension, l'équipe compte beaucoup sur moi. Tout se mélange. Je suis stressé. J'ai envie d'être fort. Par-dessus tout, j'ai envie de gagner. Mais je vis un décalage : cette envie se percute à mon état de fatigue. La tête veut, le corps peine encore à suivre.

Il y a des raisons. Je suis rentré vendredi d'un stage d'équipe intense qui a duré huit jours. Tests, exercices, dénivelé, bornes. Là-bas aussi, c'était assez paradoxal : j'ai réussi à faire les exercices demandés, à développer des watts, à pousser fort, mais sans sensation, ou plutôt celle de réaliser tout ça dans la souffrance, toujours mal aux jambes. J'attendais ce que l'on appelle « le rebond » après ma semaine à Calpe, mais il n'est jamais vraiment arrivé même si je me suis senti mieux à la fin. Ce n'est pas évident de sentir qu'on subit, qu'on a l'impression de ne jamais avoir le temps de récupérer. Ajoutez à cela quelques sollicitations médiatiques, une heure et demie par jour environ, le stress que cela engendre parce qu'il faut préparer, peser ses mots, et vous avez le combo gagnant…

Petit aparté : j'ai appris, un soir par mail, que j'étais retenu pour porter la flamme olympique en juillet prochain. J'avais posé ma candidature à la demande de la mairie de Beauvais. Je leur avais dit que, sans doute, je serais sur le Tour de France à ce moment-là, mais ils m'avaient dit de le faire quand même, qu'on verrait ensuite. Ça m'a fait très plaisir quand j'ai lu le mail, je l'ai pris comme une marque de reconnaissance. Ni mes parents ni Morgane n'étaient au courant, ils ont appris ça dans les médias le lendemain. C'était assez drôle. J'ai reçu des messages de gens qui pensaient qu'il s'agissait d'une sélection olympique. Non, non. Il s'agit de porter la flamme pendant deux cents mètres. Le symbole est fort, l'événement sera incroyable, j'en suis certain. Mais je devrai probablement laisser ma place.

Pour tout vous dire, samedi et dimanche, je n'ai pas sorti le vélo. Rien. J'avais besoin de souffler, d'assimiler pour de bon. Entre Calpe et ce dernier stage collectif, je n'avais eu que quatre jours de récupération à la maison, mine de rien. Sans doute trop peu compte tenu des efforts consentis depuis un mois.

J'ai tenté une remise en route hier. J'en ai bavé. Ce matin, j'ai préparé ma valise, puis j'ai sorti le vélo et fait quelques exercices. Bonne nouvelle : j'ai enfin eu de très bonnes sensations. Il pleuvait, j'avais mes gants en néoprène, le coupe-vent, 3 °C, deux heures comme ça, dont un petit déblocage : des séries de 30x30 pendant six minutes. Les puissances étaient élevées et les sensations en adéquation. Ça m'a rassuré pour ce qui m'attend désormais.

J'avais dit au revoir à Morgane après son petit-déjeuner. Je l'ai finalement recroisée un quart d'heure ce midi avant de partir pour Orly, c'est toujours bon à prendre.

Je ne projette pas grand-chose en cette semaine de reprise à Majorque, tout compte fait. Tout mon train ne sera pas là, je ne connais pas cette course. Je pense déjà à la suite : Almeria, Algarve. C'est là que je devrais commencer à me sentir bien. J'aurai eu, en plus, quinze jours de coupure.

On est d'ailleurs en train de réfléchir avec Morgane : est-ce qu'on repart un peu ou pas après ma semaine à Majorque ? On va voir en fonction de la météo annoncée sur Beauvais et de mon planning d'entraînement. Elle a déjà prévu de lâcher son poste au cabinet dix jours, à mon retour, au cas où.

Quand on était à Gandia, elle m'envoyait des photos de la maison. Il neigeait abondamment, les sols étaient gelés tous les matins, elle partait au travail par –12 °C, un vrai temps de saison comme on n'en avait pas eu depuis longtemps. Les bus ne roulaient plus, tout tournait au ralenti. J'aurais été au chômage technique. Le contraste était saisissant avec nous. On faisait nos sorties sous des températures qui oscillaient entre 18 et 23 °C. Je lui montrais en visio, Margaux était fascinée par l'écran. Je la voyais sourire au son de ma voix.

Depuis Calpe, elle change. Je la trouve plus câline, de plus en plus tactile, en recherche d'échanges. C'est tellement fort. Sachant que je ne reste jamais longtemps à la maison, je profite d'elle à fond. Je la couche le soir, je lui fais la lecture. Elle s'endort contre moi. Je redescends quarante-cinq minutes plus tard pour manger le dessert.

Un signe : le dernier jour du stage en Espagne, il a plu, comme pour me rappeler d'où je venais.

Peut-être que cela vous choque quand je vous écris que je n'attends pas grand-chose de cette semaine de reprise de compétition à Majorque. C'est pourtant vrai et je me permets de le dire parce que je me connais : je sais que ça va être dur parce que je n'ai pas totalement récupéré des quinze jours de travail à Calpe puis Gandia. Je sais aussi qu'il faut en passer par là.

Je me dis que j'ai finalement passé un très bon hiver, sans gros pépin. De bon augure pour la suite. Je suis content de reprendre en même temps que tout le monde et pas mi-février comme ça a souvent été le cas. Cette saison, je voulais vite recourir, m'exprimer, retrouver de la confiance. Je veux scorer. Oui, être en jambes pour scorer dès les premières échéances importantes.

Doudou

Jeudi 25 janvier

Semaine de Majorque. Trophée des Salines. Première course de l'année. Premier sprint. Vingt-neuvième place.

Ça y est, la première est passée. J'ai adoré retrouver cette adrénaline dans le final. Ça a été une course plutôt tranquille jusqu'aux quinze derniers kilomètres, sauf pour ceux qui roulaient derrière l'échappée. Je pense à Łukasz Owsian qui a fait le boulot en costaud pour nous. L'adrénaline, se placer, frotter. Les premières frayeurs où tu es persuadé que ça va tomber devant toi, où tu tapes dans les mecs sur des coups de patin, où tu te rattrapes sur d'autres. C'était un sprint chaotique, mais j'avoue avoir aimé ça.

On ne s'est pas trouvé comme on voulait dans l'emballement final. Ce n'est pas grave, il faut qu'on peaufine chacun notre timing. Moi le premier. J'étais trop excité.

J'ai trop voulu rouler devant, j'ai usé tout le monde et on s'est désunis dans le final. C'est toujours un peu stressant les premières. On va essayer de s'appliquer pour la suite, de moins s'emballer sur la conduite du sprint.

Je suis bien fatigué ce soir sur la table de massage. Nerveusement surtout. Je ne vais pas traîner et me coucher tôt. J'aurais aimé lire un peu, aussi, mais je ne vais pas avoir la force. J'ai ressorti *Champion dans la tête*, de François Ducasse. J'avais commencé à le lire pendant le confinement. Mais j'ai un peu cette manie de ne jamais terminer les livres, je ne sais pas pourquoi (ne faites pas comme moi !). J'ai repris le fil, j'aime bien. Ça me permet de me concentrer sur moi. Je sens que j'ai besoin d'un petit coup de *boost* en ce moment. Je le rouvrirai dans le bus demain matin.

En parlant de ça, je vous avoue un truc : j'ai amené avec moi un petit body de Margaux. C'est mon doudou. Elle l'avait porté avant que je parte, mais son odeur de bébé disparaît peu à peu. J'avais pris cette habitude lors du dernier stage à Gandia. Elle est avec moi, comme ça.

Demain, deuxième étape, avec du dénivelé. Ce sera trop dur pour moi, je la prends comme une séance de travail pour le sprint de samedi. C'est toujours mieux qu'une séance d'entraînement tout seul. Si j'arrive à recoller au peloton dans la vallée pour donner un coup de main aux gars avant la dernière ascension, ce sera bien.

Skipper

Jeudi 1er février

Retour à la maison après quatre jours et trois étapes à la semaine de Majorque. À noter, une cinquième place à Palma.

Je reviens d'une séance de musculation chez papa, sous le hangar. Il est onze heures. Je vais poursuivre à la maison, au chaud, par un petit travail de gainage. Ensuite, je sortirai mon vélo de contre-la-montre. J'irai rouler deux heures. Ça fait un moment que je ne l'ai pas sorti ; or, à Algarve puis sur Paris-Nice, on aura un chrono. C'est un exercice particulier qu'il convient de bosser, même quand on n'est pas un spécialiste comme moi. Se réhabituer à la position, à l'effort, à la concentration que ça demande…

Je sors d'un début de semaine compliqué. Rentré d'Espagne à 1 h 40 dans la nuit de dimanche à lundi.

J'avais laissé ma voiture dans le parking d'Orly. J'avais un peu de route. Margaux levée à 6 h 30, comme d'habitude. Je n'ai pas dormi longtemps. Lundi, c'était ma journée de repos et je voulais la garder plutôt que la laisser à Ingrid, sa nounou. J'ai profité de chacune de ses siestes pour dormir aussi, trente minutes par-ci par-là. Cycliste et papa, c'est comme être skippeur sur le Vendée Globe, un peu. On optimise les temps de récupération, on s'accorde des siestes tout en étant sur le qui-vive. Ce serait drôle d'en parler avec Yoann Richomme un jour.

Lundi et mardi, Margaux a été malade, elle a dormi pour la première fois avec nous. Diagnostic du médecin, le lendemain : otite, rhinopharyngite, dents. On a mal dormi. Vous vous dites sûrement *« Bienvenue dans la vraie vie, Arnaud. »* Vous avez raison. Mais pour moi, pour Morgane aussi qui travaille, ça bouscule. Je ne pense qu'à optimiser, centré au quotidien sur la performance, sur les entraînements, sur la nutrition, sur la compétition, sur l'agenda, vous le savez.

Je suis bousculé. J'avoue, oui, que je suis bousculé. Ma sœur m'envoie des messages pour savoir quand on peut se voir. Je ne sais parfois même pas quoi répondre. Pour optimiser le manque de sommeil, je vais me coucher à 21 heures, 21 h 30 maximum. Cela implique de manger dès 19 heures. Ce qui signifie préparer à manger vers 17 h 30, 18 heures, c'est-à-dire pas longtemps après le goûter de Margaux. Ça laisse peu de temps pour autre chose.

Nos journées raccourcissent, donc, comme quand l'hiver s'installe. Il fait nuit tôt chez les Démare. Un ami me dit souvent que *« la vie, ça prend du temps »*. Là, elle prend beaucoup de temps. Je dois être encore plus rigoureux, encore plus sérieux. On doit peaufiner pas mal de choses encore avec Morgane. On dit que quand un bébé naît, des parents naissent aussi. On est en plein dedans. La réalité se heurte parfois à celle de sportif de haut niveau, mais je crois que je parviens à composer du mieux possible. Si j'avais dû rouler en ce début de semaine, ça aurait été dans la douleur.

Pour revenir à nos moutons, je dirais que ces quelques jours du côté de Majorque ont été corrects, ni mieux ni moins bien qu'attendu. J'étais fatigué, je le savais, je vous l'avais écrit. Je n'ai pas vécu le rebond souhaité. Lors du dernier sprint, à Palma, ça roulait vite, mais ça frottait moins, le peloton était déjà un peu usé. Il me manque du rythme. Il me manque une dent comme on dit, une vitesse. C'est en passant par ce genre de course, notamment l'étape de la veille plutôt montagneuse, qu'on franchit un palier.

Je me fais confiance. La forme va monter d'un cran pour Algarve, Kuurne et Paris-Nice. Malgré tout, il ne faut rien lâcher. J'ai bien travaillé hier. J'ai quinze jours à la maison avant de repartir, avant de me confronter à ce rythme qui tient en trois mots qui vont se répéter tous les trois jours : récupération, course, déblocage, récupération, course, déblocage. Une lessiveuse, qui ne me permettra plus de travailler.

Niche

Vendredi 2 février

Humeur. 11 h 12.

J'ai relu certains chapitres précédents. J'ai l'impression de me plaindre tout le temps. Le sommeil, la récupération, les microbes, et nanani et nanana. Ça m'énerve. Je m'énerve. Je n'ai pas envie de donner cette image-là. Je me pose plein de questions. Est-ce que je dois revenir sur les six derniers mois avec la Groupama-FDJ ? Je ne trouve toujours pas les mots. Je n'en veux même pas de ces mots. Ce serait rajouter des plaintes aux plaintes.

Depuis le reportage de Nicolas Geay dans l'émission *Tout le Sport*, sur France 3, ça ne va pas. J'ai dit que j'étais toujours en colère par rapport à ce qui s'était passé à l'été 2023, que je n'avais pas envie de pardonner. J'ai dit ce que je pensais. Et en même temps, j'ai l'impression d'être là, comme un chien dans sa niche en train de pleurnicher alors que ce n'est pas le cas. Ça passera en étant fort sur le vélo, en montrant ce que je vaux. J'ai retrouvé de l'énergie donc ça va mieux et je vais en profiter pour travailler. Je me dis que travailler, ça a du sens. Beaucoup plus que ce qu'ils m'ont fait. Demain, j'ai prévu de rouler six heures.

Frisson

Dimanche 4 février

Cycling in the rain avec Guillaume et Thibaut, deux cousins, et Baptiste, un copain.

Ce matin, j'ai roulé avec Guillaume et Thibaut, deux cousins, et Baptiste, un copain. Ils courent en Open 2, l'ancienne deuxième caté comme on disait à mon époque, ça a encore changé. Leurs compétitions régionales amateurs reprennent fin février début mars. Ils m'ont accompagné dans ma séance : je devais faire huit fois deux minutes à puissance maximale aérobie, cinq à dix minutes de récupération entre chaque exercice.

Au bout d'une heure de vélo, on s'est concentrés sur une heure et demie d'exercices. Baptiste avait tracé notre parcours, un beau parcours le long des coteaux de la région.

Il faisait un temps pourri. Je suis même à peu près sûr que c'était mieux en Bretagne. C'était humide, les routes dégoûtantes, les gants en néoprène, les coupe-vents, la casquette, les bandeaux, les vélos dans le même état que si on avait fait un cyclocross. Ils ont été courageux, les gars. Ça faisait du bien de les avoir dans les roues. On a aussi retrouvé par hasard Clément Davy et Enzo Paleni qui ont roulé un bout avec nous.

Les cousins sont de vrais sparring-partners. Jeudi dernier, ils m'avaient aussi accompagné. J'avais un travail de seuil à effectuer : six fois cinq minutes, avec plages de repos entre chaque. Ils avaient fait les exercices avec moi, ça les change, ils ne savent pas toujours quoi faire et je trouve qu'ils vont bien. Ça pète un peu quand il faut monter dans les watts, mais ils s'accrochent.

En rentrant à la maison, j'ai eu droit à un petit massage de papa qui m'a fait beaucoup de bien. J'avais mal aux jambes après cinq jours d'entraînement, après tous ces exercices de fractionné, après deux cents bornes hier.

En début de semaine, je ne pensais pas réussir à faire tout ça, un peu stressé. Finalement, je suis content de mes sensations. Sans le rebond attendu, je trouve que ça va bien. Je dors bien, je ne traîne pas le soir, toujours à 21 h 30 au lit.

J'ai vu que Mathieu Van der Poel avait gagné les championnats du monde de cyclocross à Tabor. J'ai regardé un peu cet après-midi. Je crois que ce qui m'a le plus ému lors de cette compétition, c'est de voir Zdenek Stybar mettre un terme à sa carrière, chez lui. Je ne le connais pas. J'ai pensé à la fin. Se dire voilà c'est fini, là, maintenant, comme ça, entouré de gens. J'ai pensé à lui. Il se dira quoi demain matin en se réveillant ? Une fraction de seconde, j'ai ressenti un frisson.

Toboggan

Lundi 5 février

Boulot, métro, dodo. Ou plutôt : vélo, Margaux, dodo.

Je continue mes pérégrinations. Je vais chercher ma petite poupette chez Ingrid. J'ai ressorti le vélo de chrono ce matin. Il faisait froid, c'était affreux. Ça fait des semaines que je roule en Espagne. Je n'étais pas assez couvert. Je ne m'habitue pas. Mais j'ai bien récupéré cet après-midi.

J'ai l'impression d'être en haut du toboggan du soir en cette fin de journée. J'adore ces moments. Il est à peine 18 heures. Je récupère Margaux, je vais lui donner son bain. Elle va me faire plein de sourires, je le sais. Tout à l'heure, Morgane rentrera du travail. Elle posera ses clés, elle enlèvera son manteau, son écharpe en disant « c'est moi », on entendra ses pas dans l'escalier, elle nous rejoindra là-haut.

Je serai accroupi, une serviette de bain sur l'épaule, le visage éclaboussé, en train de faire des grimaces. Elle nous verra tous les deux en train de rire. Heureux.

Cauchemar

Mardi 6 février

Humeur du matin. 9 h 16.

Je fais un cauchemar. Toujours le même. Tous les quinze jours environ. Je suis coureur d'Arkéa - B&B Hotels, mais je dois disputer Paris-Nice sous les couleurs de la Groupama-FDJ. Je ne sais pas exactement où je suis, c'est flou. J'explique que ce n'est pas possible. Marc Madiot me crie dessus et me répète qu'il y a une petite ligne dans le contrat qui mentionne le fait que je dois faire Paris-Nice avec eux pour une histoire bizarre de points à marquer. Et je me réveille en nage.

Les mains d'Hélène

Vendredi 9 février

Escale à Madrid. Reprise dimanche à Almeria, puis ce sera Algarve mercredi.

Je suis en pleine escale à Madrid, attendant mon second vol de la journée pour Almeria. Je regarde les gens. Il y a les pressés, les familles, les vacanciers de je-ne-sais-quels-pays, des chapeaux, les hommes d'affaire, des chemisettes, des étudiants, des gens en tongs. Ça grouille, c'est toujours un joyeux bazar les halls d'aéroports. C'est comme un tapis roulant géant. Ça va, ça vient, ça se croise, ça se heurte parfois.

Même si la saison a commencé, j'ai la sensation que j'arrive, officiellement, au terme de ma préparation. Je suis content du travail effectué. J'ai envie de bien faire. Je ressens une grande motivation. J'ai de l'énergie. J'en ai même beaucoup et ça me fait peur de ressentir cela maintenant, si tôt dans la saison. On n'est qu'au début du mois de février. J'ai peur que ça me lâche, que cette forme s'évapore voire disparaisse soudainement. J'ai peur, oui. De cette lessiveuse aussi, de ces compétitions tous les trois jours désormais.

On a trouvé notre rythme avec les filles. On continue à manger très tôt, à se coucher très tôt. Tout est différent, mais tout est calé à nouveau. On est restés à la maison finalement, nous qui envisagions, peut-être, de partir au soleil pour que je puisse rouler. J'en ai profité pour voir les miens. J'ai enfin pu voir ma sœur Hélène, mes neveux Rose et Louis qui grandissent. J'ai rigolé hier en voyant Margaux et Rose l'une à côté de l'autre. Les dents de Margaux poussent une à une quand celles de Rose tombent une à une. À elles deux, quand elles souriaient, on aurait dit un puzzle reconstitué.

Hélène m'a fait une séance d'ostéopathie. C'était la première fois. Elle finalise en ce moment sa reconversion professionnelle. Elle a duré cinq ans, à raison de dix séminaires d'une semaine par an, avec d'autres professionnels de santé. Elle était jusque-là infirmière. À la naissance des jumeaux, il y a six ans et demi, elle a eu le déclic. Elle en avait marre de la façon dont on traite le personnel soignant, elle avait envie de changement. Elle a travaillé un an comme préleveuse dans un laboratoire, puis elle a trouvé cette voie de l'ostéopathie. Je la trouve courageuse, ma frangine. Et douée. Elle m'a fait beaucoup de bien. C'est assez fascinant de savoir se servir aussi précisément de ses mains. Les miennes ne sont bonnes qu'à tenir un guidon. J'ai de l'admiration pour les travailleurs manuels. Hélène fait désormais des remplacements, elle accepte plein de missions à droite à gauche. Je crois même qu'elle a trouvé le local où elle s'installera à terme. Je suis content pour elle.

Je suis là à Madrid, loin du cocon désormais. Ce voyage est un peu long. Je vais arriver à la nuit et sous la pluie. J'aimerais leur ramener un gros bouquet de vainqueur. Je vais avoir trois opportunités, trois courses qui me conviennent avec des arrivées au sprint. Le reste, ce sera du boulot emmagasiné pour la suite. J'aperçois ma valise sur le tapis roulant. Almeria, me voilà. Ça se bouscule pour récupérer sa valise en premier, je n'ai jamais vraiment compris ça. Je regarde, je reste en retrait. Un homme a carrément écarté ses voisins de tapis avec les bras, manquant de renverser le café d'une demoiselle sur ses chaussures.

« La frayeur ! Je me prends Wout (van Aert) qui fait office d'îlot devant moi après avoir coupé son effort. Ça tombe fort à côté de moi le long des barrières. J'étais presque content d'être encore sur le vélo quand j'ai franchi la ligne d'arrivée. Mais j'enchaîne les frustrations… J'étais bien, pourtant. »

Dimanche 11 février, 20 h 14, après la 11e place sur la Clasica de Almeria.

Obsession

Samedi 17 février

Tour d'Algarve. Première étape. Encore une cinquième place sans pouvoir sprinter réellement. Le reste ? Des places lointaines. Humeur du soir, 22 h 40.

Je ne fais pas du vélo pour ça. Je ne quitte pas la maison pour faire le nombre. Physiquement, ça va. C'est ça, le pire. Parce que je m'en fous d'être bien physiquement. Je veux des résultats. Je veux au moins pouvoir m'exprimer, sprinter, jouer la gagne à la pédale. Et je ne peux pas. Ma première victoire de la saison devient une obsession.

Et moi, je suis là, avec un train pour m'emmener, avec une force collective à mon service, « réservée » pour chaque rendez-vous, des mecs qui s'entraînent pour ça, mais on n'est pas capables de faire un sprint correct. C'est moi le responsable au bout de la chaîne, c'est moi qui prends les bouquets ou pas, qui réponds aux journalistes. En ce moment, il faut les trouver les éléments de langage comme disent les communicants. Et ce n'est pas facile quand vous ne faites rien de bien.

Je déçois. On n'est qu'au début de la saison, je sais. D'habitude, je me laisse le temps, je me dis que ça va venir, je laisse aller, un peu. Là, je n'y arrive pas. Je suis impatient. Ça me rend dingue. Pas envie d'écrire, pas envie de raconter. Raconter quoi, que je suis mauvais, trop attentiste ? Je vis juste une frustration énorme, comme rarement. Je ne peux pas m'exprimer. Travailler autant pour faire ça, ça me fout les boules. Voilà.

Et puis je connais la difficulté des prochaines échéances. Kuurne, Paris-Nice, Milan-Turin, Milan-San Remo, De Panne, Gand. Au moins, si j'en gagne une, ce sera une belle…

Spleen

Samedi 24 février

Veille de Kuurne-Bruxelles-Kuurne. 11 h 12. Quelques minutes avant la reconnaissance du parcours.

J'ai toujours cette sensation de vivre à cent à l'heure. Me voilà en Belgique. J'aime rouler ici. J'ai eu du mal à récupérer d'Algarve. Ça va mieux depuis trois jours seulement. Je n'étais pas retourné sur cette course depuis 2019, j'avais oublié qu'on y travaillait bien.

Oui, j'ai bien travaillé au Portugal. Physiquement, pas de problème. Sur les sprints, je parviens à remonter facilement dans le vent pour retrouver les roues des équipiers. Mais on galère pour trouver l'ouverture. Qu'est-ce qu'on galère... Le premier, on était bien placés, mais trop tôt. Le deuxième, on a attendu le dernier moment, mais la porte s'est refermée sur notre nez et on n'a jamais pu remonter pour jouer la gagne.

J'ai un très bon train, ils ont de la force, ce n'est pas le problème. Je n'avais pas couru depuis longtemps avec Miles, on a des repères à retrouver. Florian pareil, je n'avais encore pas couru avec lui. On a aussi perdu Dan, qui est tombé lors du dernier sprint à Algarve et s'est fait très mal aux côtes, j'espère le revoir sur Paris-Nice. Je ne cherche pas d'excuses, mais tout ceci explique un peu cela. On est donc à contre-temps, jamais dans le bon timing. On manque aussi de réussite. À Almeria, où je termine onzième, j'étais super fort, c'était fluide, je me faufilais, j'arrivais à être là où je voulais être. Mais je me prends Wout van Aert qui redescend juste devant moi, je manque de tomber et la réussite du jour aura été de ne pas m'être retrouvé au sol…

J'ai ma part de responsabilité. Je suis trop attentiste, j'attends trop le sprint parfait, celui où je serais planqué derrière des mecs qui s'écarteraient un à un devant moi, avec tout l'espace dont j'ai besoin. J'attends de n'avoir plus qu'à lancer mon sprint laissant tout le monde derrière. J'attends cette conjonction de facteurs, j'attends ces planètes qui s'alignent, j'attends du velours, un tapis rouge, du tableau noir. C'est une erreur, car tout n'est pas toujours linéaire. Tant pis si je prends le vent un peu trop tôt, tant pis si c'est plus chaotique, tant pis si c'est au panache. Il faut que je me libère, que je me lance, que je sois capable de me dire *« allez, go, et on verra bien »*.

Le compteur tourne, mine de rien. Rien ne se passe comme je l'avais prédit, imaginé, fantasmé. Ça ne va pas. Je ne vais pas vous mentir, ça ne va pas. J'ai repris les courses très tôt, cette saison. L'idée, c'était d'emmagasiner de la confiance avant les grandes échéances. Sur le papier, c'était tout à fait envisageable.

J'en ai parlé à Morgane un soir. Je lui disais que j'avais fait un énorme hiver, qu'on n'était même pas début mars et que ce début de saison était décourageant, déjà. Je lui disais mon mal-être à ne pas réussir à percer, à jouer un vrai sprint, épaules contre épaules, à faire autre chose qu'un top 5. Elle m'a répondu que je n'étais pas le seul dans ce cas. Que plein d'autres coureurs avaient fait un bel hiver, mais n'étaient toujours pas récompensés. Que certains allaient se décourager. Que c'était justement le moment de ne rien lâcher. Morgane m'a remis face à ma qualité première : ma persévérance.

Voilà. Je traîne mon petit spleen. En silence. À l'intérieur, ça bout. Mardi, à la maison, les poignées du panier à linge m'ont pété entre les mains. Tout par terre. Avant-hier, j'ouvre le sac de mes flocons d'avoine, j'en renverse partout dans la cuisine. Hier, en montant en Belgique, je prends un caillou dans le pare-brise. Que des trucs à la con. Une vraie spirale dans laquelle on ne voit que ça, aspiré par le négatif. Et pendant ce temps-là, tous les jours, je reçois des messages d'encouragements. « *C'est pour aujourd'hui, Nono.* » « *Confiance en toi, Nono.* » « *Ça va finir par s'ouvrir, Nono.* » Je vous le confesse, même ça, je le prends mal. Ça ne devrait pas, ce ne sont que de bonnes intentions, j'en ai besoin, mais c'est comme ça.

Et puis il y a le peloton qui roule fort, pas le droit à la moindre erreur, les jeunes qui poussent. Les petits Paul Magnier, Isaac Del Toro qui font forte impression. Les autres, je les connaissais déjà. Tous les ans, de toute façon, je me dis la même chose. Il faut juger dans la durée, certains disparaissent aussi vite qu'ils sont apparus. La longévité est un marqueur important, je crois.

Je me dis que, peut-être, je me mets trop de pression. Je vois les autres membres de l'équipe performer et gagner, comme Kévin Vauquelin à Bessèges, Amaury Capiot à Oman, monter sur des podiums, faire des top 5. Je voudrais que ça arrive sur notre front, le front du sprint.

Les watts sont là. Je ne peux pas faire plus en termes de volume d'entraînement, je ne peux pas faire mieux en termes de qualité. Vous le savez bien, j'aime ce que je fais, je n'utilise jamais le mot « sacrifices ». Mais cette période assez pauvre me renvoie justement à cette notion de sacrifices. J'ai l'impression, pour la première fois, d'en consentir beaucoup, et je n'aime pas trop cela. L'impression de donner 100 % au vélo pour rien, de ne pas avancer dans ma vie d'homme, de papa, de mari, de tonton, le temps de rien à côté. Cette pensée s'invite et me bouscule. Une vraie spirale, oui. Et je me plains encore, à longueur de pages. J'espère que vous me pardonnerez.

Je dois juste être patient. Me dire que ça va arriver, qui sait, peut-être au moment où je m'y attends le moins.

La première victoire est toujours longue à venir, on l'attend, on la rêve, on la veut. L'équipe est bienveillante jusque-là. Tout le monde m'encourage. Mais si ça continue, je me dis que les gars vont finir par me taper dessus. Je sens l'attente. Je sais que je ne suis pas à ma place pour l'instant.

Je vis pour gagner. Le reste ne m'intéresse pas.

L'appel

Mardi 27 février

Entre un Kuurne-Bruxelles-Kuurne passé dans l'anonymat et avant le départ de Paris-Nice, coup de téléphone d'Emmanuel Hubert, le patron de l'équipe, à Arnaud.

Je n'avais pas le physique sur ce Kuurne-Bruxelles-Kuurne, dimanche dernier. J'ai subi toute la journée, dans des groupes assez lointains, avec plusieurs autres sprinteurs. On a vécu quelques regroupements dont un qui aurait pu nous faire espérer une quatrième place, derrière les échappés Wout van Aert, Tim Wellens et Oier Lazkano. Mais comme d'habitude, c'est tombé devant moi dans le dernier virage, je me suis pris le mec, j'ai dû déchausser pour ne pas tomber.

Le coup dur du week-end a été la fracture de la clavicule de Flo Sénéchal, tombé en compagnie de Julian Alaphilippe sur le Nieuwsblad samedi. Pénible à plus d'un titre : parce que Flo est un élément moteur pour le groupe, mais aussi pour mon train. Et puis, il s'était tellement investi cet hiver, il pouvait être leader pour les classiques.

Voilà. Qu'est-ce que je pourrais vous écrire d'autre, franchement ? Ce n'est pas évident de vous parler de choses qui ne vont pas. Je ne trouve pas les solutions, je rame. Je sens qu'il me manque un petit truc. Je n'ai pas le feeling dans les sprints, je n'ai pas de chance, je n'ai pas ces petits 4 ou 5 % qui me permettraient de basculer dans le bon groupe puis de jouer la gagne, de jouer tout court.

C'est ce que j'ai dit à Manu Hubert, hier. On s'est appelés. Un long échange, presque une heure. Il a été bienveillant, m'a redit sa confiance, m'a redit que ça allait venir, que la roue finirait par tourner à condition que je reste sérieux et que je continue à croire en moi. Je lui ai dit combien c'était décourageant ce que je vivais, que je tentais mais sans doute trop obnubilé par le sprint parfait. Il m'a dit qu'il fallait y croire même quand on n'est pas à 100 %, même quand on sait qu'il est difficile d'exister dans le vélo d'aujourd'hui quand on n'est pas à 100 %, que ça fait partie du quotidien d'un champion que je suis à ses yeux.

On s'est parlé de façon très directe. Je lui ai dit que j'avais pleinement conscience de ne pas avoir été recruté pour ces résultats-là, que l'équipe attendait beaucoup plus de moi.

Mieux que mes deux places de cinquième, forcément. Que je faisais de la merde, pour résumer trivialement.

Manu m'a encouragé, boosté. M'a dit qu'il était là, que le staff était là, que tout le monde me faisait confiance malgré cette sale période.

Je pars à Paris-Nice avec la ferme intention d'y croire. La forme est moyenne, mais je n'ai pas envie, pour autant, de tout jeter à la poubelle.

Boule

Jeudi 7 mars

Paris-Nice se passe.

La petite famille est venue me voir au départ de ce Paris-Nice. Margaux avait vécu sa deuxième course à Kuurne. Sa première fois, c'était sur les boucles de la Mayenne en 2023 et j'avais gagné l'étape. Je l'ai prise avec moi, je l'ai emmenée dans le bus, je l'ai présentée à tous les coureurs avant le départ. Ça m'a fait plaisir, c'était agréable de prendre un peu ce temps. Margaux, Morgane, mes parents étaient là. Ils sont restés toute la journée, ont vécu le départ, le premier passage du peloton et l'arrivée au même endroit, aux Mureaux.

Le lendemain, à Montargis, c'était l'occasion ou jamais d'ouvrir le compteur. Comme la veille, il y avait de l'engagement au moment de lancer le train. Mais comme souvent, on a peiné à trouver le bon timing. On s'est aussi fait balloter par les autres équipes qui remontaient en tête de peloton. Moi, au lieu de m'extirper de la boule dans le dernier kilomètre, je suis rentré dedans, encore un mauvais choix. Du coup, je me suis retrouvé en roue libre à trois cents mètres de la ligne et je n'ai pas réussi à reprendre la vitesse nécessaire quand ça s'est un peu ouvert devant moi.

C'est compliqué tout ça... Physiquement, pour un sprint pur, ça allait pourtant bien. J'étais confiant, j'y croyais. Mais non. Nervosité, mauvais placement, la boule, le mauvais timing, les mauvais choix. Je ne peux même pas me lancer dans un sprint long, partir à deux cent cinquante mètres de la ligne d'arrivée, ce qui est souvent mon point fort dès que j'ai tout l'espace nécessaire pour m'exprimer. Coincé.

Mercredi, c'était une journée casse-pattes avec le froid, les averses de grêle, les giboulées glaciales, la panique à bord quand tout le monde redescendait aux voitures pour prendre gants, vêtements de pluie, jambières, c'était sauve-qui-peut pour s'équiper, se réchauffer. J'ai eu froid aux pieds tout du long, ça pataugeait là-dedans... Mont Brouilly brouillon, quatre-vingts kilomètres dans le gruppetto. C'était long. Il faut dire que ça met en route tellement tôt désormais. Il n'y a qu'à regarder le classement général de cette étape : des groupes de vingt coureurs éparpillés partout dans la campagne, ce qui témoigne de l'intensité de l'étape.

Les parents ont suivi ce Paris-Nice en camping-car jusqu'au mont Brouilly. Je les ai salués au premier passage, mais je ne les ai plus revus ensuite, ils partaient tôt, ça leur faisait une trotte pour rentrer en Picardie.

L'équipe me soutient toujours autant. C'est tellement important. Les gars savent que je m'investis, que j'ai fait un bel hiver, que je cherche des solutions, que je vis mal mon absence de résultats. Les directeurs sportifs ont tous été un jour coureur cycliste. Ils savent ce que je traverse, savent que je ne suis pas à la rue, mais que ça ne veut pas sourire, ce qui rend l'ensemble très moyen. À Kuurne, quand je suis rentré dans le bus après ma quarante-quatrième place, j'étais dépité, moral dans les chaussettes, ce n'était pas beau à voir, je vous assure. Mais ils sont là, toujours là, comme un plaid un soir d'hiver.

J'ai compris qu'il fallait que je sois patient, que je continue à travailler. Demain, la météo s'annonce glaciale, 1°C au plus haut de la journée, et de la flotte. On a fait notre schéma prévisionnel de vêtements cette fois. Je vais arrêter demain soir de toute façon, c'est prévu. Milan – Turin va vite arriver la semaine prochaine, puis Milan-San Remo. Je garde le cap. J'essaie. Je suis marin dans ma petite tempête.

Addio Poggio

Samedi 16 mars

23 h 47. Entre l'Italie et Beauvais, après un Milan - San Remo anonyme, et avec plein de questions.

Il est tard. Je suis cramé, je n'ai pas fait de sieste dans l'avion, j'aurais peut-être dû. J'ai écrit. Je vous écris. La journée était pleine d'adrénaline. Ça a frotté du matin au soir, ça a roulé tellement vite, plus de quarante-six kilomètres-heure de moyenne sur près de trois cents bornes… un nouveau record. Je m'y attendais. Ça a roulé très fort déjà dans les cappi, puis très fort au pied de la Cipressa, une première heure de course à plus de cinquante kilomètres-heure de moyenne. J'ai trouvé ça encore plus exigeant que d'habitude.

Je me suis bien battu, comme je pouvais, mais je suis toujours à 95 %. Au top de ma forme, je pouvais prétendre à la treizième place, c'est-à-dire la première place du deuxième groupe. Devant, c'étaient des puncheurs-grimpeurs impossibles à suivre. Milan - Turin, mercredi, m'avait rassuré. J'avais terminé à ma place, joué la seizième avec Alexander Kristoff, que je trouve en très bonne forme en ce moment. Devant, toujours pareil, des grimpeurs, sur un parcours trop difficile pour espérer mieux.

Depuis quelques heures, je me pose la question de savoir si je retournerai un jour sur Milan - San Remo. Ça me fait un gros pincement au cœur parce que j'adore cette course, depuis toujours, mais ça mérite vraiment réflexion. À quoi servent les sprinteurs désormais sur ce monument ? À quoi ça sert d'aller chercher un top 10 ? Dans le Poggio, quand ça a accéléré, ça a explosé de partout. Même à 100 % de mes capacités, je n'aurais pas pu suivre. Partout, l'intensité est folle dès que la route s'élève un peu. Alors à quoi bon ? Où est notre place ?

Milan - San Remo, c'est une guerre à l'intérieur du peloton. Le placement est primordial, on le sait depuis toujours, ça bastonne. Mais ça bastonne de plus en plus, on laisse des cartouches tout du long. Il est de moins en moins question de se cacher pendant deux cent cinquante kilomètres, de se laisser bercer jusqu'à la Cipressa, de vivre cette langueur sur deux roues le long de la mer. C'est presque une forme de brutalité qui s'est invitée par surprise. Même ici. Alors, je repose la question : à quoi bon ? Je n'ai pas la réponse.

Je vais désormais me poser deux ou trois jours à la maison avant de retrouver les classiques belges. Je vais faire un peu de scooter avec papa lundi pour conserver la vitesse sans trop forcer pour autant. Surtout, je vais continuer à faire ce que je sais faire le mieux : travailler et me reposer.

« Suite à des examens qui ont révélé une grande fatigue justifiant les mauvaises sensations d'Arnaud Démare ces dernières semaines, ce dernier est contraint de renoncer à À Travers la Flandre, au Grand Prix de l'Escaut ainsi qu'à Paris-Roubaix. Son retour à la compétition sera communiqué ultérieurement. »

Communiqué de l'équipe Arkéa-B&B Hotels, mercredi 27 mars, 9 h 58.

L'armoire

Dimanche 2 juin

Une longue lettre de Morgane, madame Arnaud.

« Je vais vous expliquer pourquoi Arnaud ne performe pas, pourquoi il a vécu un si long printemps, interminable voire invivable, comment il a été si courageux, pourquoi je l'aime encore plus qu'avant et pourquoi je sens que la chance va tourner.

Je ne sais pas si vous avez lu le livre de Fabien Richard, le préparateur physique d'Arnaud avec qui il travaille ponctuellement depuis plusieurs années. Fabien y raconte avec son enthousiasme communicatif sa vie de globe-trotteur, la façon dont il a accompagné pendant plus de vingt ans les plus grands sportifs de la planète, en majorité des footballeurs.

Dans ce livre, il a consacré un chapitre à Arnaud, aussi vrai que touchant. Fabien a notamment écrit ceci, et cela résonne fort en moi, vous comprendrez pourquoi au fil de ce chapitre : « *Arnaud bénéficie d'un environnement familial extraordinaire. Sa famille, c'est son équipe. Comme une armoire avec plein de tiroirs. Il en ouvre un, c'est son préparateur physique. Un autre, c'est son entraîneur. Sa femme, Morgane, est tournée vers la performance de son mari, organise leur vie, l'écoute, l'épaule. Morgane, c'est quatre-vingts tiroirs à elle seule. Je dirais même qu'elle est l'armoire.* »

L'armoire s'est fissurée.

Je vous écris de la chambre d'une clinique de la région parisienne où je séjourne depuis plusieurs semaines, avec, désormais, quelques permissions de sorties hebdomadaires. J'ai craqué. Je me suis effondrée.

J'ai eu si honte au début. Je me suis cachée, presque. Je ne comprenais pas ce que je vivais, comme en état de choc. Je ne comprenais pas comment j'avais pu en arriver là. Je restais dans cette chambre, prostrée, les bruits du couloir par-delà la cloison. Je ne voulais plus. Je ne pouvais plus.

Comme la promesse d'un orage, ça a commencé au loin. En mars dernier. Je dirais à la fin de l'allaitement de Margaux, notre fille dont Arnaud vous parle tant depuis le début de ce livre. Jusque-là, je me sentais bien, superwoman même. Toujours à fond avec la petite, de ces mamans qui, par exemple, ne laissent jamais leur enfant pleurer, j'étais attentionnée, aux petits soins, j'étais là. Toujours à fond au boulot aussi (je suis podologue, vous vous en souvenez peut-être si vous avez lu le premier livre d'Arnaud), toujours aidante par nature, tournée vers les autres. Toujours à fond dans le sport aussi, je courais et je roulais beaucoup.

Sur ce point, je vivais, sans doute comme beaucoup de femmes, avec ces images sur les réseaux sociaux de ces nanas qui vous montrent, à peine sorties de leur accouchement, leur corps de rêve retrouvé. Un monde factice, ce dont vous avez conscience pourtant, mais qui infuse doucement, même quand on a les pieds sur terre. J'avais peur, aussi, du regard des autres quand je retournerais sur les courses, moi qui suis discrète, mais malgré tout exposée. J'ai donc tout fait pour vite retrouver mon corps d'avant, mon poids de forme. Aux proches qui me disaient « *Attention Morgane, tu en fais beaucoup, tu es à fond tout le temps* », je répondais « *oui, oui* » avec un grand sourire. À Arnaud qui me disait de ralentir dès le mois de septembre, de chercher un collaborateur au cabinet, je répondais que je ne trouvais pas. Je me sentais bien, je me sentais forte, je me sentais maman et heureuse.

Et puis il y a eu la fin de onze mois d'allaitement, un lien que j'aimais profondément avec notre fille. Margaux a arrêté d'elle-même. Peut-être l'ai-je vécu comme une rupture. Et puis, surtout, il y a eu cette fatigue qui s'est alors invitée par surprise, une fatigue immense. Celle qui vous tire par la manche dès le matin, à chaque heure qui passe. Je ne comprenais pas : pendant des mois, je m'étais levée trois, quatre, cinq fois par nuit. Alors que je n'avais plus à le faire désormais, je n'arrivais curieusement plus à dormir, prise d'insomnies, moi qui me rendormais si facilement après les tétées, moi qui dormais comme une marmotte avant.

Et puis il y a eu d'autres signes aussi, révélateurs de ces facteurs qui s'additionnent et vous conduisent à la dépression post-partum, au burn-out, appelez ça comme vous voulez. Je n'avais plus de forces. Les absences d'Arnaud, que j'avais toujours acceptées, encouragées même quand il s'agissait de partir pour des stages personnels, ont pesé lourd tout à coup. Les journées sans lui devenaient mes cols de haute montagne à moi, mes Tourmalet, là, en Picardie et à basse altitude. Je me retrouvais seule, la peur tout à coup de ne pas y arriver, le vide, les angoisses même, mêlées à l'épuisement. Les « *il faut que* » ont surgi, rythmé mes pensées. Je me disais, lors de quelques sursauts : « *Allez Morgane, c'est un petit coup de déprime, ça va aller mieux.* » Ou alors : « *Allez Morgane, bouge-toi.* » Encore : « *C'est dans la tête, Morgane. Tu as tout pour être heureuse, c'est ridicule.* » La culpabilité qui s'en mêlait.

La culpabilité, c'est quelque chose. Je suis très perfectionniste. On est des gens rigoureux, Arnaud et moi. Notre quotidien, vous le savez, est toujours timé, anticipé, calibré. Consciente que la récupération fait partie intégrante de la performance, je crois que j'ai voulu « économiser » Arnaud au maximum, l'épargner de mes nuits sans sommeil, de toute forme d'agitation, et de cette souffrance naissante. Je ne me la suis pas autorisée, si aidant et à l'écoute soit-il pourtant.

Toutes les forces qu'il me restait, je les gardais pour Margaux quand Arnaud n'était pas là. Quand il rentrait, elles me fuyaient. Je pleurais de plus en plus facilement, cachée, à fleur de peau. Je lui demandais beaucoup à la maison, je me déchargeais. Je ne pouvais pas faire autrement, ni mieux, ni plus. Et puis, au bout de quelques semaines, à bout, j'ai osé lui dire, dépassant ma honte : *« Arnaud, je suis fatiguée. Je n'en peux plus. »* J'avais la boule au ventre. Je lui ai dit : *« Je t'aime, j'aime Margaux plus que tout au monde, mais je n'ai plus goût à rien. Je ne sais pas pourquoi, je ne me reconnais pas. Je crois que je suis malade. »* Je lui ai dit qu'il fallait que je me soigne. *« Je veux retrouver ma joie de vivre, la Morgane d'avant. »* Je ne voulais pas que notre fille me voie dans cet état, triste alors que c'est l'amour de ma vie, faible alors que je devrais être la plus heureuse du monde, elle qui est pourtant si facile, qui sourit tout le temps. J'ai fini par ces mots, à la fois libérée et aspirée : *« Je tiens grâce à elle, Arnaud, mais je sens que mes forces s'amenuisent. »* Comme un feu qui s'éteint.

Il a pris un impact, mais parce qu'il est exceptionnel mon homme, il a compris immédiatement ce qui se jouait là. Il m'a prise dans ses bras. À mon grand soulagement, il ne m'a absolument pas jugée. Au contraire. On a parlé.

Il m'a dit de ralentir. Il m'a dit qu'il me fallait un collaborateur au cabinet afin que je lève le pied, que nous allions mettre des choses en place. Pourquoi pas, même, une clinique à la maison, c'est-à-dire des cours de sophrologie, des rendez-vous réguliers avec le médecin, avec un psychologue. Mais c'était difficile… Surtout, c'était déjà trop tard. Dès lors que j'ai confié mes souffrances à Arnaud, j'ai sombré.

C'est étonnant parce qu'on est si proches depuis toujours, tous les deux. Fusionnels. Un tandem. Une équipe. Je n'avais rien dit, pensant que c'était un état passager. Ça me servira de leçon. Je crois pouvoir vous confier qu'on est encore plus proches aujourd'hui, si tant est que cela soit possible. Il est compréhensif quand certains seraient partis en courant. Il m'a vue dans des états… Mais non, il est là, il se tient droit, à côté de moi.

À la clinique, j'ai fini par faire quelques pas en dehors de la chambre ces dernières semaines. J'ai croisé des sourires discrets d'abord, j'ai ensuite rencontré des vies, des destins. Je dirais que ça a été une des premières portes d'entrée vers l'acceptation et surtout la fin de la honte. J'ai compris que je n'étais pas la seule à vivre une dépression, si brutale et inattendue fût-elle. Moi la superwoman, moi la maman comblée, moi la jeune femme qui aime tant de choses. J'ai pris conscience.

J'ai accepté que je devais traiter cela. J'ai agi, et c'est peut-être la chose dont je suis le plus fière aujourd'hui : avoir pris la décision de me soigner, de les quitter pour revenir vite et guérie. La sœur d'Arnaud, dont je suis proche, m'a aidée dans la recherche d'un établissement, elle est aux petits soins avec nous, tout comme ses parents. Dès qu'on a trouvé le bon endroit, j'ai foncé, ça ne pouvait plus durer, pour personne. Ingrid, notre nounou, a accepté de prendre Margaux plus souvent, elle est formidable, tout autant que mes amies, bien là, qui font front.

Depuis quelques semaines, qui expliquent sans doute son silence, Arnaud gère l'urgent et l'important, il vient me voir. Il est merveilleux.

Quelqu'un d'autre compte dans mon cheminement : Marine Vuillermoz, la compagne d'Alexis, coureur chez TotalEnergies. On a fait connaissance toutes les deux lors d'un Giro, comme un coup de foudre amical. Marine comprend. Marine sait nos vies de femmes de coureurs, les absences, l'exigence, le mari qui rentre d'une semaine de compétition, mais sort rouler des heures, qui rentre à nouveau, mais qui est très fatigué, le mari à qui on ne peut pas demander d'absorber une partie de la charge mentale du quotidien s'il veut être performant, les potes à qui on dit qu'on ne sait pas si on sera disponibles tel week-end, que ça dépend du programme de course. Jusqu'à s'oublier parfois, sans que ce soit leur faute pour autant. Elle sait. On sait. On est tombées enceintes quasiment en même temps, on a vécu nos grossesses au téléphone. Elle vit loin, dans le Sud, mais il ne se passe pas un jour sans qu'on se parle.

Au-delà de ma petite personne, et au risque de vous lasser en vous disant qu'Arnaud est formidable depuis « *que l'armoire s'est fissurée* », il s'agit pour moi, à travers ce témoignage, de vous montrer à quel point la vie d'un sportif de très haut niveau est comme une montre suisse. Vous perdez un ressort et c'est tout le mécanisme qui se dérègle... méforme, maladie, chute, abandon, blessure, mauvais choix, contre-performances.

Je dois dire, aussi, et je peux me le permettre après tout, que la rupture avec l'équipe Groupama-FDJ, d'abord sa non-sélection surprise pour le Tour de France 2023 puis la non-prolongation de son contrat, ont été très marquantes. Je l'ai vu enseveli pendant plusieurs semaines par des sentiments d'injustice, de colère, d'incompréhension, de manque de reconnaissance. Je l'ai vu malheureux. Il en parle assez peu parce qu'il préfère regarder devant lui, mais je peux vous assurer qu'il a été extrêmement blessé. Ça a été un sacré boulot de le remettre sur le vélo, de se battre à ses côtés, Margaux tout bébé, et je suis convaincue, malgré ses deux succès en août dernier avec le maillot Arkéa - B&B Hotels, qu'il a trimballé ça un bon moment sur son porte-bagages. Pas sûre, même, que ce soit digéré.

Franchement, comment vouliez-vous qu'Arnaud performe au printemps avec tout ça ? Il ne vous disait rien, une question de pudeur et d'homme. Moi, je m'en fiche. J'assume. Et je l'ai trouvé immensément courageux. Il n'a rien lâché. Ni moi ni son vélo, encore moins Margaux.

Il a travaillé dur tout en restant un papa et un mari plus aimant que jamais. Comme pour moi, sa méforme est due à une conjonction de facteurs. Mais comme moi, il a aussi pris des décisions fortes, il vous expliquera.

Une petite musique s'invite désormais, et j'ose à peine vous l'écrire : j'ai la conviction que le vent va tourner, qu'il va lever les bras cette saison. Je le sens. Je le sens à mesure que le sang revient battre mes tempes. Doucement. Sûrement.

Jimmy

Mercredi 5 juin

Longue réflexion au cœur d'un arrêt forcé en raison d'analyses médicales mauvaises, puis d'une nouvelle péripétie à cause d'une chute aux Quatre Jours de Dunkerque qui a abîmé son petit doigt droit.

Ça fait un moment que je n'ai plus rien couché sur le papier. Pas envie. Jamais le moment. À quoi bon. Pourquoi. Autre chose à penser. Parer au plus pressé. Laisser venir. Retrouver le goût des choses. Puis se dire que quand même. Vous. S'y remettre.

Je ne vous ai pas tout dit. La longue discussion avec Manu Hubert, fin février, durant laquelle il m'avait redit toute sa confiance, avait abouti à une décision importante pour la suite de la saison. Mon changement d'entraîneur. Depuis Paris-Nice, c'est Jimmy Turgis qui s'occupe désormais de moi. Ça s'est fait le plus naturellement du monde et Théo Ouvrard, qui m'avait pris en charge dès mon arrivée au mois d'août chez Arkéa-B&B Hotels, ne m'en a pas voulu de l'avoir « quitté ».

J'avais besoin d'une nouvelle impulsion. C'est souvent comme ça quand ça ne va pas. Et vous savez combien je déteste quand ça ne va pas. C'est dans les moments de doute qu'il faut parfois tenter autre chose, faire bouger les lignes.

Je dis que ça s'est fait naturellement parce que je connais Jimmy depuis que je suis cadet. On avait quatorze ans, on était adversaires lors de nos premières rencontres. Il était le Parisien. J'étais le Picard. On se croisait souvent sur les courses de la région, et on se tirait la bourre. Jimmy était un rouleur-grimpeur. J'étais déjà sprinteur. On a ensuite été tous les deux équipiers à Nogent, et surtout, on s'est côtoyés en équipe de France où une relation amicale s'est installée comme avec Anthony Pérez, Kenny Elissonde ou Bryan Coquard avec qui on ouvre toujours nos boîtes à souvenirs quand on se croise. Il n'y a rien de tel que le maillot bleu-blanc-rouge pour tisser des liens, rien de tel que les premiers longs voyages qui nous emmenaient jusqu'en Russie, en République Tchèque ou au Canada.

Je suis passé professionnel à la FDJ, puis ça a été au tour de Jimmy, deux ans plus tard, chez Cofidis. Si vous suivez un peu le cyclisme, vous savez sans doute que Jimmy a dû mettre un terme à sa carrière prématurément. On avait

© Manuel Braun

En tête de peloton
sur Paris-Nice.
© Thomas SAMSON / AFP

L'équipe Arkéa - B&B
Hotels en route pour le
Tour de France.

Je signe la feuille de départ
à Milan - San Remo.
© Fabio Ferrari/Lapresse FerrariFabio

Le départ du championnat de France
à Saint-Martin-de-Landelles.
© Abaca Press / Alamy Stock Photo

Le Tour de France
et ses sprints difficiles
comme ici à Dijon.
© Peter Goding /
Alamy Stock Photo

Sur les chemins
blancs du Tour,
autour de Troyes.
© Sirotti Stefano /
Icon Sport

152e en haut du Plateau de Beille… et à bout de souffle.
© Belga News Agency / Alamy Stock Photo

Villeneuve-sur-Lot : sans doute l'un de mes plus beaux sprints du Tour et de la saison.
© Peter Goding / Alamy Stock Photo

Nouveau sprint, à Hambourg cette fois.
© Sirotti / Icon Sport

Avec des spectateurs à la descente du bus. Mes premiers pas dans ma nouvelle équipe bretonne. © Sirotti / Icon Sport

© Sirotti Stefano / Icon Sport

Mon havre de paix.

Avec Margaux, sur le Tour de France à Troyes, après les chemins blancs.

Mes parents, Morgane et Margaux au départ de Paris-Tours.
© Manuel Braun

Les premiers tours de vélo de Margaux avec moi en suivant Morgane.

Papa à distance.

Sur les hauteurs de La Clusaz.

Avec mes neveux Rose, Louis
et ma fille avant un départ.

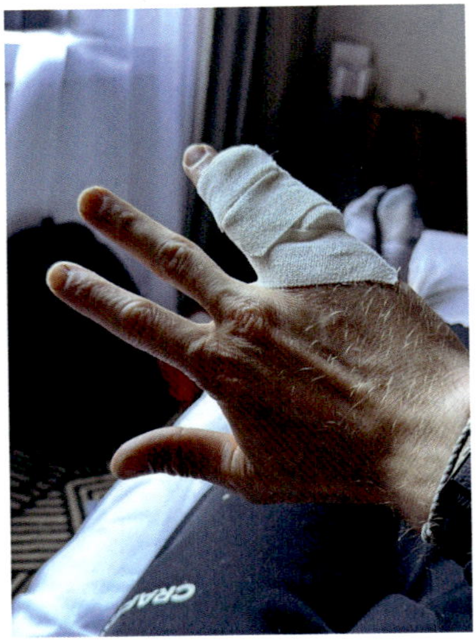

Le fameux auriculaire
de la main droite.

Sortie du contrôle antidopage… à la douche ! Encore du travail pour les mécanos.

© Manuel Braun

Comme un air de famille…

© Manuel Braun

détecté un problème cardiaque au petit frère, Tanguy. Jimmy et Anthony, l'aîné, ont donc passé des examens approfondis. Il s'est évéré que Jimmy souffrait du même mal, il était alors coureur chez B&B Hotels et avait été contraint d'arrêter au début de l'année 2020. Anthony, lui, n'avait pas de problème, mais il est toujours contrôlé régulièrement pour ne pas prendre de risque. Ça avait été un tel choc pour la famille... Écœuré, quand Tanguy et Jimmy ont dû arrêter, le papa avait vendu du matériel de vélo. Et on avait racheté le Burdin de la famille avec mon père, on en cherchait un depuis longtemps pour mes sorties d'entraînement. On en reparle souvent avec Jimmy.

On a toujours gardé le contact tous les deux. Il s'est reconverti comme entraîneur au sein de l'équipe B&B Hotels. Quand elle a mis la clé sous la porte, il s'est retrouvé sans rien pendant près d'une saison avant de décrocher un poste chez nous, en décembre dernier.

Vous imaginez donc à quel point son arrivée dans le staff m'a fait du bien. Surtout compte tenu du début de saison que je traverse. Traverser, c'est le bon mot. Toujours pas acteur. Jimmy a débarqué au stage de décembre dernier, en Espagne. On s'est tout de suite rapprochés. Il faisait partie de la bande qui allait courir à jeun le matin, avec moi, Flo Sénéchal et Clément Venturini.

J'ai donc, chemin faisant, commencé à beaucoup échanger avec lui. Les séances. Les sensations. Les chiffres.

Les soucis. Les doutes. J'avais besoin de ses conseils. Je parlais toujours avec Théo, évidemment, mais je ressentais avec Jimmy ce petit truc en plus.

Quand on a échangé avec Manu fin février, je lui ai dit mon souhait d'avoir Jimmy à mes côtés. J'en avais aussi parlé à Théo quelques heures plus tôt, avec cette crainte qu'il le prenne mal, qu'il m'en veuille. Ça n'a pas été le cas comme je vous le disais en préambule. Théo m'a d'ailleurs confié que le staff avait déjà pensé m'orienter vers Jimmy pour la suite de la saison, mais que comme il venait d'arriver, il avait préféré attendre un peu. Manu m'a dit qu'il n'y avait aucun problème, que l'important c'était que j'aille mieux. Et voilà.

Au début de notre collaboration, Jimmy n'avait pas grand-chose à gérer me concernant. Entre les courses, il s'agissait surtout de récupérer. Assez vite, il m'a freiné. Comme le faisait Julien (Pinot) à la FDJ. Récemment, je suis parti en stage personnel en Espagne, avec la famille. J'ai rallongé une séance, un jour, à Calpe, en stage. Un peu malgré moi, quoique. Une heure. Le soir, Jimmy, à distance et comme toujours, analysait mes données. Et il a laissé ce commentaire sur notre plateforme, à laquelle toute l'équipe a accès : « *Arnaud, c'est bien tout ça. Mais à partir de maintenant, j'aimerais que tu respectes les temps de sortie.* » Un peu plus tard, au téléphone : « *Je comprends ta frustration Arnaud. Tu es là-bas dans de bonnes conditions, tu veux rouler, faire du dénivelé, mais compte tenu de la situation, si tu veux faire du rab, fais du gainage et pas autre chose.* »

La situation ? Celle que je vous décris depuis des semaines. Mais pas que : celle, aussi, découverte dans mes analyses médicales sur lesquelles l'équipe a communiqué juste avant que j'observe cette période de repos forcé. Les résultats n'étaient pas bons, révélateurs d'une très grande fatigue, voire d'un épuisement. J'avais rechigné à les faire ces analyses. Je me disais que ça ne donnerait rien de spécial et que je passerais alors pour un guignol qui se plaignait pour rien, un mec qui n'était simplement pas au niveau. Un loser aux yeux des autres. Erreur. J'étais en réalité limité, anormalement freiné dans mes efforts alors que je pensais être assez fort pour encaisser, c'était cette fois écrit noir sur blanc, là sous mes yeux.

Autre chose, qui alimente ma réflexion depuis. Je crois que je vis toujours un peu avec le fantôme, même si ce n'est sans doute pas le bon mot, de Julien. J'entends encore certaines de ses phrases : « *Arnaud, ce qui compte, ce n'est pas le mois de décembre. Tout se joue en janvier et février. C'est là qu'il faut en faire plus.* » Ce genre de phrase qui m'avait poussé, en ce début d'année, à donner encore plus à l'entraînement alors que j'avais déjà repris plus tôt que d'habitude, souvenez-vous. Alors j'en avais remis une couche en janvier, février. Et je me suis usé, usé, usé.

Voilà à quoi m'a servi cette période de repos : à prendre conscience, à faire le point. J'ai presque l'impression que ça me pète à la gueule. À Majorque j'étais bien. Mais juste après, j'ai continué sur le même rythme au lieu d'observer ces fameuses phases d'assimilation. J'en ai trop fait. Même mes cousins à l'entraînement me disaient : « *T'es sûr Arnaud, tu vas faire quatre heures de sortie aujourd'hui alors que tu as fait six heures hier et que tu refais la même chose après-demain ?* » Ou alors : « *Tu ne t'accordes qu'une seule journée de repos après tout ce que tu as fait ?* » Et moi de leur dire oui, oui, je gère.

J'étais en fait embarqué dans un engrenage, celui du surentraînement. Même malade, je roulais. Tranquillement, mais quatre heures quand même. Et dès lors que j'ai senti que j'avais besoin de récupérer, il était trop tard, j'enchaînais les courses. Les cinq pour cent qui me manquaient et dont je vous parlais, c'était en réalité de la fatigue, qui s'est intensifiée au fil des jours. Pour vous donner une image, c'est comme si j'avais commencé, à partir de ce moment-là, chaque course avec cent vingt kilomètres dans les jambes par rapport aux autres coureurs du peloton, comme si j'étais parti deux heures et demie avant eux. Combien de fois j'ai senti cette asphyxie, cette sensation d'avoir un garrot au niveau des cuisses tout au long d'une étape. Ce sentiment de devoir résister, résister. Cette image de me voir reculer dans les bordures. De me battre avec une forme descendante quasi inéluctable. Et moi impuissant face à cela, cogitant tout ce que je pouvais.

Je vous vois venir. Vous devez vous demander comment, après dix ans de carrière professionnelle, on peut tomber dans le panneau du surentraînement ? J'ai voulu bien faire. Je pensais bien faire. J'ai voulu faire autant voire plus que les autres, sauf que je fonctionne à la fraîcheur. J'ai enchaîné les stages, personnels, collectifs. J'ai travaillé, travaillé en me disant que ça paierait, en me disant « *quand je vais assimiler toute cette charge de boulot, je vais faire un bond d'enfer* ». Sauf qu'il n'est jamais arrivé, ce rebond. Évidemment, serais-je tenté de dire aujourd'hui.

J'ai peut-être mal négocié, en tout cas à ma manière, finalement, le fait de changer d'équipe, d'être ce leader attendu des Bretons, attendu sur les routes du Tour de France, attendu tout court, une situation qui contrastait avec la brutalité du mois de juin 2023 que je venais de vivre. Je me suis senti pousser des ailes, non pas par orgueil, non pas par manque d'humilité, mais poussé par cette volonté de donner, porté par l'idée de rendre toute cette confiance naissante, de casser la baraque en somme.

L'arrivée de Margaux, aussi, a agi comme un catalyseur, je crois. J'étais surmotivé à l'idée de la rendre fière dès lors qu'elle prendrait conscience des choses, plus tard.

Quand Jimmy a reçu les résultats de mes analyses médicales, quand il les a corrélées avec mes paramètres de fréquence cardiaque, de puissance, d'intensité dès lors qu'il y a eu accès en devenant mon entraîneur, il a compris. Il venait de récupérer un bonhomme en pièces détachées. Comprenez bien que ce n'était pas le fait de Théo, je préfère l'écrire, mais bien du mien. Jimmy m'a dit : « *Soit on continue et tu ne feras pas mieux que ce que tu fais depuis le début de la saison ; soit on gagne du temps dans la perspective du Tour de France et on essaie de te remettre sur pied d'ici là. Ce qui passe par un vrai temps de pause et une reprise progressive.* »

Son boulot a réellement commencé là. Me reconstruire un programme. Avec de vraies périodes d'assimilation. Les nouvelles analyses médicales ont été meilleures quelques semaines plus tard, mais il s'agissait d'être prudent. Il a repris tous mes marqueurs, même ceux de l'hiver, il aime aller dans les moindres détails : puissance, cœur, intensité.

Depuis, il me guide, me pousse, me freine, me dit les choses. Je reprends du plaisir, un truc qui m'échappait ces derniers mois, à tel point qu'un soir, j'avais dit à mes parents que si ça continuait comme ça, ce serait terminé, que je n'irai pas au-delà de mon contrat. À quoi bon s'investir autant pour si peu de résultats.

Je suis parti une semaine à Calpe en stage personnel, où mon père est d'ailleurs tombé, bien râpé partout, il m'a fait peur. Je lui faisais ses pansements le soir. Puis il y a eu les Quatre jours de Dunkerque, ma reprise en compétition et cette chute à cinq kilomètres de l'arrivée lors de la première étape. Quand ça ne veut pas… Je me suis bien abîmé le petit doigt de la main droite. J'ai fini aux urgences, je vous raconterai ça dans le chapitre suivant, et depuis, j'avoue que c'est toute une histoire. Ça fait trois semaines, mais il est toujours gonflé. Je suis devenu un spécialiste des bains froids puis chauds et des séances de kiné. Voilà tout ce que je gardais pour moi pendant ma petite période de silence. J'avais besoin que ça sorte, j'avais besoin de le partager avec vous.

Et puis, comment l'occulter : vous avez lu Morgane dans le chapitre précédent, et vous avez donc tout compris. Si j'en ai trop fait, c'est aussi parce que notre quotidien était devenu brutalement différent, bouleversant. Tellement bouleversant… Vous savez à quel point Morgane est l'un des piliers de ma vie d'athlète et d'homme.

Juste avant de partir sur Gand-Wevelgem, elle m'avait dit qu'elle ne se sentait pas bien. Je lui avais dit que ça irait, que dans moins d'une semaine je serais de retour pour plusieurs jours, car je devais enchaîner avec À Travers la Flandre. Tout semblait aller mieux jusque-là, pourtant. Elle avait enfin trouvé un collaborateur au cabinet, pouvait lever le pied, moins travailler, s'appuyer un peu plus sur la nounou, c'était fluide.

Et puis, la veille d'À Travers la Flandre, au téléphone, elle m'a dit que ça n'allait plus du tout. L'équipe m'a libéré, je suis rentré. Non seulement mes analyses médicales n'étaient pas bonnes, mais il y avait tout à coup urgence.

Dès lors que je me suis retrouvé à l'arrêt pendant quinze jours, fin mars, je me suis dit qu'il fallait que je la remette sur pied, que je lui change les idées, que je m'occupe d'elle, je me sentais investi de cette mission. Je n'avais pas conscience de la gravité de cette dépression, j'ai pensé qu'il s'agissait juste d'un petit coup de blues, d'un besoin d'être ensemble. Me reposer n'était pas la priorité. On a fait un spa, on est allés au restaurant, on parlait d'installer un suivi médical à la maison, avec psychologue, sophrologue, médecin, comme elle vous l'a écrit. On est partis quelques jours à la mer, au Touquet. À ce moment-là, il n'était plus question pour moi de repartir trois semaines en stage d'altitude. Impossible de la quitter. Mais je la voyais regarder ses pieds, si mal, souriant à peine, comme vide, alors qu'on se retrouvait pourtant tous les trois.

La voir sombrer m'a percuté de plein fouet, mélange d'inquiétude et d'impuissance. Je ne voulais plus la laisser seule. Je soufflais parfois le chaud et le froid. En fait, je ne comprenais pas, je ne savais pas quoi faire ni quoi dire. Je reprenais l'entraînement, ne pensant qu'à elle sur mon vélo, une inquiétude tenace. Elle a eu ce courage, finalement, de vouloir s'en sortir, de s'extraire pour elle, pour Margaux, et pour notre quotidien qui devenait difficile.

On a donc fini par trouver cette clinique après bien des appels et des mails. Je pensais que ça allait durer quinze jours. Quasiment deux mois plus tard, elle y est toujours, elle sort de temps en temps, mais entre les stages et les courses, on n'a dû se voir que cinq fois. Moi, j'ai continué à me battre sur mon vélo, pressé de retrouver une condition physique. J'étais donc parti à Calpe avec mes parents et Margaux, la sachant, de son côté, en sécurité.

Il y a eu bien des moments compliqués... Comme ce matin-là, après les Quatre Jours de Dunkerque, avec un doigt amoché, Margaux que je n'avais revue que deux jours. Je devais prendre l'avion direction Gran Canaria pour une semaine de stage personnel, toujours cette obsession de retrouver mon niveau. J'avais failli annuler, pas capable, en pleurs dans la voiture, besoin de me ressourcer avec la petite, de lui faire ses petits pots, son bain, de la câliner, de vivre, d'être son papa bien là. Conscient, je crois, que j'étais à un point de bascule de ma saison : c'était stop ou encore. Morgane, puis Ingrid m'avaient convaincu de partir quand même. Mon père aussi, qui m'accompagnait. Alors je suis parti.

C'est long, notre « nous » me manque. Saloperie de dépression post-partum, mais ça va aller, ça va aller.

Pour autant, sans doute parce que je sais qu'elle remonte la pente, qu'elle est bien suivie, sans doute parce que le programme de Jimmy me fait du bien, la forme revient ces derniers jours sur mon vélo. En même temps que les fraises au jardin, en ce mois de juin. Et que Morgane à la vie.

Le doigt

Jeudi 6 juin

C'est l'histoire d'un doigt qui ne dégonfle pas bien vite.

C'était le 15 mai dernier, donc. Les Quatre Jours de Dunkerque. Ma course de reprise. La première étape. L'entrée dans les cinq derniers kilomètres pour une arrivée massive. La chute. Je suis parti aux urgences sitôt l'étape terminée, un peu abîmé, surtout au niveau du petit doigt droit, qui ne l'était plus vraiment, droit. Je craignais une fracture du scaphoïde.

On m'a dit qu'il fallait l'immobiliser pendant seize jours avec une attelle, ce que j'ai fait. Autant vous dire que les Quatre Jours de Dunkerque sont devenus un petit parcours du combattant pour moi : impossible de tenir correctement le guidon le lendemain au départ, ça devenait douloureux et handicapant. Une tuile de plus, mais je n'étais plus à ça près. Je suis quand même allé au bout des six étapes, c'était un passage obligé de ma préparation pour le Tour de France, même si les jambes ne tournaient pas bien.

Le problème, c'est qu'une fois rentré à la maison et passé le délai préconisé, la douleur ne passait pas. J'ai donc consulté un chirurgien dans une clinique spécialisée dans les pathologies de la main. Là, j'ai fait plusieurs examens. Ils ont révélé, non pas une fracture comme on m'avait dit aux urgences, mais un arrachement osseux. J'ai appris que ce n'était pas la même chose. Un arrachement osseux assez conséquent, mais pas suffisamment important pour être opéré. La clé était justement de mobiliser le doigt dans la mesure du possible.

Les seize jours d'attelle ont donc fait des dégâts, en tout cas retardé la guérison. Je l'ai enlevée illico pour découvrir un auriculaire tout gonflé. Pour vous donner une image, on pourrait parler d'un joli radis de saison. Je rigole, mais je n'arrive plus à le plier et il s'endolorit très vite.

J'ai annulé ma participation à deux courses, dont la Brussels Classic que j'avais gagnée en 2023. On a mis un processus en place : des bains chauds et des bains froids pour diminuer l'œdème, drainer. Je fais ça le soir généralement, après dîner, assis face à mes deux bassines sur la table du salon, c'est assez charmant. Puis des séances d'automassage, comme je peux, car figurez-vous qu'il ne me reste qu'une main pour le faire. Je complète donc avec des séances quotidiennes chez le kiné où on fait pas mal d'exercices de mobilité notamment.

Le temps presse, désormais. Le Tour de France approche et je doute de ma condition. Samedi je pars direction le Tour de Suisse, qui sera peut-être le juge de paix en vue de juillet. Les jambes sont bonnes voire très bonnes. J'ai notamment réalisé, sur un exercice, ma troisième meilleure performance depuis que je suis coureur.

Mais je ne saute pas au plafond pour autant. Je me pose pas mal de questions. Est-ce que je vais être prêt ? Est-ce qu'on peut tout miser sur la fraîcheur ? Mon petit doigt ne me dit rien, pas de réponse. Il faut se laisser encore un peu de temps.

Maman

Mercredi 19 juin

Les championnats de France puis le Tour de France font déjà du bruit au loin, comme un tambour de machine à laver dans lequel il va falloir se jeter. En attendant, hypnothérapie, crème d'argile et hommage à sa maman.

Je suis allé voir un hypnothérapeute en fin d'après-midi. Je vais courir le Tour de France, physiquement je vais mieux. Le Tour de Suisse s'est bien passé, j'ai pu bien travailler. Mais je m'aperçois que depuis le début de la saison, finalement, je n'ai pas disputé tant de sprints que ça. Donc j'appréhende un peu.

Je l'avais déjà vu une fois il y a quelques semaines, via Morgane. Elle m'avait dit vas-y, il est bien, ça peut aussi te faire du bien. L'idée, c'est de reprendre un maximum de confiance, de faire disparaître le « trop gentil » Arnaud, de redevenir ce tueur dans les trois derniers kilomètres. Le Tour fait toujours peur, malgré les années qui passent, malgré l'expérience engrangée sur ses routes et sur d'autres grandes compétitions. Le Tour étouffe. Le Tour broie. C'est difficile, exigeant, ingrat, pressurisant, encore plus quand on est Français et leader. Je suis souvent passé par la fenêtre. Je n'ai pas honte de vous le confier. On peut jouer les bonhommes, mais je connais peu de coureurs détendus au départ.

Il faut gérer toutes ces émotions-là qui vous envahissent doucement, mais sûrement à son approche. Et moi, vous me connaissez, j'ai toujours l'ambition d'y réussir quelque chose. Une envie de bien faire qui s'accompagne évidemment de l'idée de ne pas y arriver, de terminer un jour hors délai. Le Tour de Suisse m'a rassuré de ce point de vue. Je me dis que si je ne suis pas malade et que si je ne connais pas de défaillance, il n'y a pas de raison que ça se passe mal. Mais j'ai envie de mettre toutes les chances de mon côté. Je prends cette deuxième séance d'hypnothérapie comme une arme supplémentaire, pour n'avoir aucun regret.

Je me dis, aussi, que compte tenu de tout ce que j'ai vécu en cette première moitié de saison, je ne m'en suis pas trop mal tiré. Il ne me manque plus qu'une chose : arriver à trois cents mètres d'une ligne avec tous mes moyens, mon agressivité, mon instinct, mes jambes, débarrassé. Je veux sprinter de toutes mes forces, à fond. Il en suffira d'une seule, une vague, le bon endroit au bon moment, un espace, une opportunité, un instant.

Ces derniers mois un peu particuliers m'ont fait comprendre, sans doute plus que jamais, combien la confiance est un élément fondamental de la réussite. Combien de fois, durant ma carrière, je suis passé dans des trous de souris, combien de fois j'ai tenté des trucs improbables, accroché à la roue devant moi, ne lâchant rien, pas un millimètre, avant de passer, de sauter l'adversaire je ne sais comment ni dans quelle position, souvent sur un fil. Je me souviens d'une photo en 2017 où je frôle les barrières à soixante-dix kilomètres-heure, porteur du maillot vert... C'est aussi cela le haut niveau : la réussite appelle la réussite, comme un cercle vertueux.

Je ne suis pas rentré si fatigué que ça de Suisse. Disons que j'ai bien assimilé, beaucoup mieux même que les Quatre Jours de Dunkerque. L'état de fatigue initial compte. Ce que l'on a mis en place avec Jimmy commence vraiment à porter ses fruits. Mon corps se répare gentiment, sort de cet état d'épuisement qui était le mien en mars et avril. Je l'ai vite remarqué : à la qualité de mon sommeil, à l'envie d'aller m'entraîner, à l'envie de faire attention aux moindres détails, à l'envie tout court même si je n'ai jamais rien lâché. Je force moins.

Les championnats de France, dimanche en Normandie, seront trop difficiles pour moi. J'irai pour y faire une bonne journée de travail au service de mes coéquipiers. On m'a si souvent aidé sur cette course pour que je joue la gagne qu'il me semble normal de me fondre dans le groupe dès lors que je n'ai pas d'objectif de victoire, de rendre la pareille. Je vais jouer au capitaine de route un peu, privilège de l'âge. J'aime le championnat France. Je ne me voyais pas faire l'impasse.

Maman va m'accompagner avec Margaux. Papa, lui, ne sera pas là, il prendra la route, dimanche, direction les Pyrénées et l'épreuve de mille kilomètres de la Race Across France, en duo avec un copain à lui. Vous connaissez un peu plus mon père que ma mère, un peu mieux le Josué jamais trop intimidé par une caméra, assez avenant, toujours le premier à me sauter dans les bras après une victoire, fier comme tout.

Maman, Nadine, est différente. Passionnée de cyclisme elle aussi, fière bien sûr, mais plus discrète. Et je dois vous dire que depuis quelques mois, avec ce que l'on traverse à la maison – Morgane qui allait de moins en moins bien, puis Morgane en clinique, moi débordé, submergé, bouleversé – je la découvre très empathique… et tellement forte. Je la connaissais plutôt directrice, carrée, droite, administrative, irréprochable. Je la connaissais cheffe d'orchestre, de ces femmes qui prennent les choses en main dès lors qu'il faut organiser quelque chose, de celles qui, quand elles partent en vacances, impriment les billets de transport et les glissent dans une pochette plastifiée ; là, Morgane absente, je la découvre si forte, comme parée à tout, faisant front, faisant face.

Elle anticipe, elle ne se laisse pas envahir par le doute ni les émotions. Elle est hyper réactive. Elle me dit qu'elle a commandé ceci ou cela pour moi alors qu'il n'y avait pas d'urgence, elle checke, elle est d'une efficacité redoutable. Elle allait chercher mes colis à La Poste quand elle trouvait les bordereaux au courrier. Il m'arrivait parfois de rentrer d'une course, de me retrouver seul à la maison, fatigué, et je découvrais un frigo avec des bons petits plats prêts à être réchauffés, empilés, les lessives faites, le linge étendu ou plié. Je lui disais que je pouvais le faire. Elle me répondait : *« C'est du temps de gagné pour profiter avec Margaux ou pour te reposer »*.

Si j'ai réussi ma scolarité, gamin, c'est grâce à elle. Elle jouait un rôle si important au collège puis au lycée alors que je devais concilier vélo et école. Elle gérait les papiers, elle faisait toutes les recherches, s'occupait des demandes de bourses, des aménagements d'emploi du temps, remplissait les documents, récupérait mes cours auprès des profs… Je n'avais que le vélo à penser, mes entraînements, mes compétitions.

Elle m'a demandé, il y a quelques semaines, pourquoi je ne lui avais pas parlé plus tôt de la phase qu'on traversait avec Morgane. Je lui avais dit que je pensais que ça allait passer, que je ne m'inquiétais pas trop au début. Elle s'en voulait de ne pas avoir vu, de ne pas avoir été là, me répétait qu'elle était là.

Dès lors que ça a été plus compliqué, elle a été la première à quitter son boulot une heure plus tôt, le temps qu'il fallait, pour récupérer Margaux, pour me soulager.

Quitte à terminer une heure plus tard pendant trois semaines pour rattraper trois jours passés à mes côtés. Ce n'était pas un problème pour elle. Rien n'était un problème. Quand j'ai emmené Morgane à la clinique pour la première fois, elle m'a dit : *« Arnaud, je n'ai pas envie que tu rentres seul. Je viens avec toi. »* Ou encore : *« Arnaud, tu viens de faire une grosse sortie, tu dois être fatigué. Viens manger à la maison. »* Quand j'osais lui demander quelque chose, j'avais droit à un SMS : *« Aucun souci Nono. Objectif Tour de France. Je suis la première à te dire de te coucher tôt. J'irai chercher Margaux demain. »* Forte. Je n'ai pas d'autre mot. Ça lui faisait mal de me voir perdu, je crois, mais elle allait toujours de l'avant.

J'ai vécu ces deux mois durant lesquels Morgane était en clinique, une permission de sortie par semaine, comme un déchirement. On est fous amoureux. On se manquait. Chaque retour était une joie teintée d'une légère inquiétude, vite levée. Chaque départ, le lendemain, j'étais comme enseveli. De tristesse. De douleur.

Ma mère a été très compréhensive, aussi. Elle aurait pu se dire qu'après tout, on avait tout pour être heureux, non ? Elle aurait pu dire, comme ça lui arrivait parfois après une étape du Tour de France où je lui disais *« je suis mort maman, je n'y arrive plus »*, que c'était dans la tête tout ça, qu'il ne fallait rien lâcher ? Ça m'énervait tellement quand elle me disait ça… Après tout, elle aurait pu me dire que Morgane, c'était dans la tête, qu'il fallait juste qu'elle se bouge.

Et pourtant non. Elle a vite saisi que c'était plus complexe que ça, pas le simple fait d'une petite déprime passagère ou d'un léger coup de moins bien. Peut-être parce qu'elle est une femme et une maman ? Peut-être parce qu'elle a lu ou vécu des choses, qu'elle connaît en temps normal, aussi, la volonté de Morgane, et que cette fois quelque chose nous dépassait tous, Morgane la première ? Je dois même vous avouer qu'il m'est arrivé, parfois, d'être sec avec ma mère, dans le dur, de lui lâcher une de ces phrases qui vous échappent comme ça et que vous regrettez sitôt sortie de votre bouche. Elle n'en a jamais pris ombrage : « *Je comprends Nono, ne t'inquiète pas, ça va aller* ».

Je l'ai découverte battante, combattante. Je cherche les mots. En rentrant un soir de la clinique, j'ai dit à mon père de prendre soin d'elle, parce qu'il avait une femme en or, tellement courageuse. Ce à quoi il m'avait répondu assez fièrement : « *Oui, oui, je sais.* » Sacré tandem que ces deux-là, une maman organisée, un papa qui n'a peur de rien.

On part donc tous les trois vendredi matin aux championnats de France avec ma mère et Margaux. C'était prévu de longue date, avec Morgane, mais ce sera finalement sans elle. Maman aurait pu se reposer. Elle a malgré tout tenu à venir m'encourager. Quatre heures de route pour rejoindre la Normandie. On pique-niquera sur une aire. Sitôt arrivés, j'aurai un tournage Netflix à assurer. Je serai peut-être dans la saison 3 de *Tour de France – Au cœur du peloton.*

L'équipe m'a annoncé ça il y a peu, me disant que Kévin Vauquelin, notre cuisinière Françoise (notre mascotte) et moi étions retenus pour y participer, même si ce n'est pas un gage d'y figurer à la fin, c'est pour ça que je mets du conditionnel. Je dois avouer que je n'ai pas regardé très attentivement les deux premières saisons. J'ai entendu un peu de tout sur le sujet. Je vais faire le job, malgré ma crainte que des phrases soient sorties du contexte. Je crois qu'on n'a pas de droit de regard au bout du bout, c'est gênant. Je vois l'équipe de tournage une heure vendredi après-midi, donc. Puis on verra.

En parlant de médias, j'ai acheté *Vélo Mag* ce matin. J'aime bien avoir le programme détaillé des étapes avant qu'on ne nous confie le roadbook officiel. Ça me permet de me plonger tranquillement dans ce qui nous attend. Je savais par exemple qu'on grimperait le Tourmalet, mais je ne savais pas dans quel sens. Ce sera « par la face Thibaut Pinot », je l'appelle comme ça depuis 2019, mais j'aime moins ce côté-là, je le trouve plus monotone. À Nice, j'ai aussi vu que les deux derniers jours seront terribles vu le ratio kilométrage/dénivelé. On aura du cent vingt kilomètres pour quatre mille mètres de dénivelé. Je ne pensais même pas que c'était possible…

Je tourne les pages du magazine avec un petit doigt encore tendu. Il a bien dégonflé grâce à une crème à base d'argile, un conseil du kiné de l'équipe pendant le Tour de Suisse. Je l'applique, elle durcit, dégage une odeur un peu mentholée, me soulage. J'ai récupéré cinquante pour cent de mobilité. Je partais de si loin.

Je vais bientôt quitter la maison pour plusieurs semaines. Morgane, elle, va rentrer pour de bon dans quelques jours. Ce sera notre chassé-croisé de juillet à nous, comme sur les autoroutes de France. Voilà l'été. Voilà notre été.

Mes valises

Mardi 25 juin

Entre deux eaux, entre les championnats de France et le grand départ pour le Tour de France.

Ça va bien. Je savais que ces championnats de France seraient trop exigeants, que des coureurs seraient mieux armés que moi sur ce parcours. Mais ça ne m'a pas empêché de ressentir ce frisson si caractéristique de cette épreuve où on est nombreux, où on roule sans oreillettes.

La course a mis du temps à se décanter. J'ai pris mon rôle de capitaine à cœur. Je drivais les troupes pour protéger Kévin Vauquelin, notre leader désigné. On a été très bien placés toute la journée, on a roulé à l'économie. Mon regret est tactique, on n'a pas osé relancer sur des coureurs qu'on avait à l'avant. J'ai hésité. J'aurais peut-être dû redistribuer les cartes à un moment donné. C'était mon intuition mais je ne l'ai pas fait. Kévin s'est retrouvé dans un groupe déjà marqué par les efforts et qui n'a pas pu revenir sur les trois échappées. C'est dommage et c'est comme ça.

J'ai profité de ce rendez-vous pour déposer ma valise « réserve » à l'équipe en vue du Tour. Je fonctionne ainsi pour une longue compétition : une valise assez légère que je trimballe avec moi, facile à faire et défaire chaque jour. Elle contient le strict nécessaire, à savoir trousse de toilette, vêtements de nuit et autres bricoles comme mon pistolet de récupération que j'avais envie de prendre cette année, ces pistolets munis d'une boule au bout qui tambourinent vos muscles et produisent un effet massant.

Dans la valise « réserve », plus grosse, que l'équipe transporte, j'ai mis pas mal de fringues, deux combinaisons d'été et trois normales, les vestes de pluie, de froid. Ça vous surprend peut-être de lire que je prends autant de combinaisons. C'est au cas où. Je sais qu'il peut y avoir des accrochages ou des gamelles pendant trois semaines, donc des vêtements déchirés. Or, il faut être présentable le lendemain. J'ai aussi quelques paires de gants, des chaussettes bien blanches.

Ça va être dur de quitter les filles demain. Morgane a eu une permission de sortie aujourd'hui. Elle me déposera à l'aéroport de Paris-Charles de Gaulle sur le chemin de la clinique, clinique qu'elle quittera la semaine prochaine.

Je prendrai donc la direction de Florence en fin d'après-midi. Je suis content d'y aller sur ce Tour. Je me sens bien. Apaisé malgré tout. Je vais donner le maximum. Si j'ai décidé d'y aller, c'est que j'y crois.

« Je suis si fière de voir Arnaud au départ du Tour de France. Il le mérite. Il mérite d'y faire de belles choses. Et quoi qu'il arrive, on sera fiers de lui. »

Morgane Démare, vendredi 28 juin, 20 h 53.

Au fil du Tour

Tour de France. Pensées courtes, émotions furtives, recueillies çà et là à travers des appels pressés, des messages écrits, des messages vocaux encore pleins d'adrénaline ou de fatigue selon l'heure.

Vendredi 28 juin

Veille de grand départ à Florence, en Italie.

9 h 45.

J'avais presque oublié ce qu'était la ferveur du Tour. Il y a du monde partout. La ville de Florence est magnifique. La présentation des équipes s'est faite devant une foule immense. Comme toujours, il y a les à-côtés. Les obligations. Les photos type trombinoscope pour les télévisions. Les longues plages d'attente avant le briefing général, pendant lesquelles j'ai tenté de récupérer, de m'économiser. Je me mets doucement dans le truc. J'ai vu des adversaires. Mais je ne ressens pas encore de pression. J'ai eu quelques frissons en voyant apparaître les images du Tour de l'année dernière, où je n'étais pas, où j'aurais dû être. Cette fois j'y suis, et c'est parti.

19 h 43.

Je vous raconterai ça un peu plus tard dans le détail (si je n'oublie pas !), mais à la fin du briefing de l'équipe, Manu *(Emmanuel Hubert, le manager général)* m'a demandé de prendre la parole. Ce n'était pas prévu. Je n'aime pas particulièrement l'exercice. Et il se trouve que j'ai été envahi soudainement par l'émotion en parlant à tout le monde. Je leur ai dit mes mots simples. Je leur ai dit que je n'avais pas vécu un début de saison facile, que je m'étais battu pour être ici, que j'avais fait la meilleure préparation que je pouvais faire, que je me sentais prêt. Mais que je n'étais pas là juste pour participer, mais bien pour gagner. Que j'y croyais. Qu'on devait tous croire en nos chances.

Samedi 29 juin

Première étape. Romain Bardet remporte l'étape et prend le maillot jaune. Les premiers écarts sont considérables à l'arrivée à Rimini.

18 h 47.

La forme est bonne. J'ai été impressionné par le cagnard. C'était digne d'une Vuelta. On n'était peut-être pas tous préparés à vivre ça. Le cœur s'emballait parfois, comme si on roulait à haute altitude. On ne pouvait pas trop pousser de watts. J'ai souffert mais moins que certains je crois. Ça m'a permis de prendre un bon gruppetto de soixante-dix coureurs environ, avec des gars qui prétendent au classement général. Ça fait plaisir.

22 h 54.

J'ai croisé par hasard Mickaël Delage, mon ancien coéquipier retraité de la FDJ. Quel bonheur ! Ça faisait longtemps. Il m'a accompagné dès mes débuts professionnels, un mec tellement important tout au long de ma carrière. On a parlé un long moment après dîner dans le salon de l'hôtel. Mickaël a été moteur dans mon cheminement de coureur. C'était une époque où il n'y avait pas encore les grosses armadas pour les sprinteurs, par encore les gros lanceurs. Mickaël abattait un boulot énorme, il travaillait pour deux, pour trois, il me protégeait toute la journée, me lançait à la fin. Il avait un petit truc qui me plaisait beaucoup : on se fixait sans cesse des petits objectifs, un vrai planning de victoires. « Il faut qu'on gagne là et là, il faut qu'on aille faire cette course-là, puis on ira gagner là. » On avait un tableau de marche de victoires à engranger. C'était motivant et, en plus, on y arrivait. Un beau coureur en plus d'être un super mec, un copain. Un copain à qui j'ai tout dit de mes difficultés depuis le début de la saison, de ce qu'il se passe à la maison. C'est sorti comme ça. Il m'a dit : « Arnaud, je ne sais pas comment tu fais. » Je lui ai dit que je voulais être irréprochable.

Dimanche 30 juin

Deuxième étape. Kévin Vauquelin remporte en solitaire la deuxième étape reliant Cesenatico et Bologne pour sa première participation au Tour. Arkéa - B&B Hotels est en joie.

20 h 27.

Il a fait un numéro notre Kévin. On savait qu'il était fort, mais là, il a fait un truc énorme. Il a de sacrées qualités de rouleur mais aussi de puncheur. C'est génial pour l'équipe, d'autant qu'on sait la difficulté d'exister à ce niveau de compétition, de trouver des sponsors, de vivre face aux grosses armadas. Ça a fait du bien à tout le monde, on a passé une soirée agréable tous ensemble. Mais il faut rester focus. Demain, c'est sprint.

Lundi 1er juillet

Biniam Girmay gagne à Turin le premier sprint de l'édition 2024. Une chute a morcelé le peloton tout près de l'arrivée.

20 h 31.

C'était long aujourd'hui, deux cent quarante bornes, six heures de vélo. J'ai roulé à l'économie toute la journée, il s'agissait de bien boire, bien manger. J'ai regardé tout à l'heure mon compteur : j'ai fait au total quatre heures quinze de course à quatre-vingt-treize pulsations et trente-huit kilomètres-heure de moyenne, aucune échappée. Tout le monde était un peu cramé des deux premiers jours. Le sprint intermédiaire m'a servi de déblocage, il y en avait bien besoin vu le rythme. Le final un peu plus accidenté a réveillé tout le monde aussi, j'ai vraiment aimé ces petites bosses. La dernière heure, ça roulait costaud, les gars ont fait du super boulot pour m'emmener vers le sprint. C'est con : il y a eu cette gamelle à deux kilomètres cinq de la ligne. C'est tombé juste devant nous. On a comblé la cassure avec le groupe de tête mais c'était déjà trop tard pour me mêler au sprint. Les jambes sont bonnes. Il y en aura d'autres, j'en suis sûr.

Mercredi 3 juillet

Mark Cavendish s'impose à Saint-Vulbas devant Philipsen et Kristoff, et devient le seul détenteur du record de victoires d'étapes sur le Tour (trente-cinq, à trente-neuf ans). Arnaud termine 7e du sprint.

23 h 03.

Je ne vais pas tarder à aller me coucher. L'après-étape a été long. J'étais de contrôle antidopage, j'ai dû attendre quarante-cinq minutes avant de pouvoir pisser. Ensuite, route et bouchons pour rejoindre l'hôtel. On a commencé le massage vers 20 h 15, à dîner vers 21 h 20, sortie de table assez tard. Mais je suis vraiment content de la journée. On n'est pas loin, j'y crois encore plus ce soir. Juste après le sprint, j'ai gueulé dans les oreillettes des gars pour les remercier de leur super boulot, pour leur dire *« Ça va s'ouvrir les mecs, ça va s'ouvrir »*. Physiquement, j'allais bien. La journée n'était pas très difficile mais il fallait récupérer de la veille et du Galibier. J'ai senti que j'avais la vélocité dans les moments de cadence plus élevée. C'est bien. Allez, au lit. Demain c'est encore sprint !

Dimanche 7 juillet

Anthony Turgis s'est imposé sur l'étape des chemins blancs à Troyes, troisième victoire française en neuf étapes.

Le veille, Biniam Girmay avait doublé la mise à l'arrivée en faux-plat montant à Colombey-les-Deux-Églises.

23 h 05.

Il est tard. Je viens seulement de rentrer du massage. On est arrivé à l'hôtel à 21 h 20. Un contrôle antidopage nous y attendait. J'avais mangé dans le bus et j'avais bien fait d'anticiper. Morgane aurait dû être là demain pour la journée de repos. Finalement, elle n'est pas en forme, a prolongé son séjour à la clinique. Ça va être triste sans elle. Mes parents sont là avec la petite. Je les ai vus hier soir et ce matin. Ils dorment au pied de l'hôtel dans leur camping-car. Avec le départ et l'arrivée à Troyes, c'était l'idéal. Mon père a même fait l'assistant sur le parcours pour donner des bidons. Tout le monde a fait le transfert vers Orléans pour qu'on profite de se voir pendant la journée de repos demain. Je vais pouvoir profiter de Margaux le matin. Ensuite ils rentreront en Picardie.

Sur le plan sportif, je reste convaincu que tout est possible. Hier, c'était usant car stressant à cause de la pluie, très physique, intense. Aujourd'hui, sur les chemins blancs, je me sentais bien. Ça roulait costaud. J'ai fait pas mal d'efforts en début d'étape pour prendre l'échappée, j'étais dans les gros coups mais ça ne s'entendait pas. Quand la bonne est partie, j'étais à fond, je n'avais pas la place, ça faisait barrage, ça partait au compte-goutte. Sacrée étape. Ça devait être joli de l'autre côté de l'écran. Allez, dodo. Demain, c'est café avec les parents et Margaux, sortie, massage et sieste.

Mardi 9

Jasper Philipsen, le sprinter belge de l'équipe Alpecin-Deceuninck règle le peloton et remporte sa première étape de cette édition. Arnaud termine 23e.

22 h 23.

Je n'étais pas du tout dans le bon mouvement, je n'avais pas le bon feeling aujourd'hui. Compliqué… Je me fais éjecter dans le dernier virage, je me prends les Lotto et les mecs qui jouent le classement général qui reculent d'un coup. Je n'ai pas d'excuse non plus, c'était à moi d'être mieux placé. Je n'ai pas pris les bonnes décisions. Je suis déçu, agacé, frustré. D'autant plus que les mecs font du bon boulot et que je ne le leur rends pas. C'est à moi de les suivre, de leur faire confiance. En fait, je ne veux pas toucher aux freins. Donc au lieu de freiner, de rester avec eux, je m'embarque dans des trous sans issue. Donc ce ne sont pas les bons choix. Demain, ce sera dur, mais normalement ça devrait passer au niveau des délais. Je suis assez fatigué ce soir. Pourtant, c'était « easy » aujourd'hui. Je vais aller me coucher. Je ne sais pas si je vais regarder la fin du match Espagne-France. J'y jette un œil depuis tout à l'heure. J'ai l'impression qu'il n'y a pas vraiment de match. De toute façon, je ne suis pas un grand fan de foot.

J'ai vraiment bien profité de Margaux hier pendant la journée de repos. Je lui ai donné son repas du midi.

Elle dit : « *Pôpô* » au lieu de « *Papa* ». Elle a déjà l'accent picard ! Elle est partie en début d'après-midi avec les parents. J'ai mangé, à mon tour, puis j'ai fait du home-trainer, petit massage, briefing, dîner, dodo. Le rythme est toujours intense.

Jeudi 11 juillet

Biniam Girmay s'impose à Villeneuve-sur-Lot, troisième succès sur ce Tour. Arnaud réalise l'un des meilleurs sprints de sa saison, encore devant à dix mètres de la ligne d'arrivée, bien emmené par Dan McLay et Amaury Capiot. 3e, il sera déclassé dans la soirée pour avoir « tassé » Wout van Aert…

22 h 18.

Franchement, j'y ai cru. Ça faisait longtemps que je n'avais pas vibré comme ça. Que ça fait du bien ! J'avais fait le plus dur en étant placé en bas de la descente avec un collectif formidable. Dan a fait un super boulot, il me lance super bien, un poil tôt. Mais c'est ce que j'aime, je voulais sprinter, prendre le manche à deux cents mètres de la ligne. J'avais Margaux dans une jambe et Morgane dans l'autre, lever les bras c'était pour moi, à ce moment-là, apaiser nos douleurs. Mais ils sont arrivés vraiment vite derrière moi. Je n'ai pas de regret, ils étaient plus forts.

Quant au déclassement, il faudrait qu'on m'explique. Pour moi, je n'ai pas bougé… Je referais dix fois le même sprint.

Vendredi 12 juillet

Philipsen s'impose à Pau, six ans après Arnaud. Qui a lutté toute la journée pour être devant mais qui ne termine que 14e.

22 h 05.

Encore une étape dingue. Trois jours que ça dure. Ça roule à fond, ça ne débranche pas, 48,7 kilomètres-heure de moyenne. Vent de travers. Les petites bosses à fond, à la rupture. Je me suis battu. J'ai jeté mes dernières forces pour être placé, mais je n'avais plus de jus au moment de monter le cul de ma selle. Même si j'étais cuit et que ce n'est pas une excuse, la chute d'Amaury (Capiot) dans le final me déstabilise, je l'entends tomber lourdement sur ma gauche, à ma hauteur. Il était bien amoché à l'hôtel. Les examens n'ont pas révélé de fracture mais ce n'est pas pour ça qu'il n'a pas mal. Il va voir comme se passe la nuit, mais vu le week-end qui s'annonce… Demain, ça devrait passer au niveau des délais. C'est relativement plat jusqu'au pied du Tourmalet. Par contre, dimanche, ça va être sauve qui peut, on le sait déjà tous.

Dimanche 14 juillet

Étape pyrénéenne dantesque au menu : Loudenvielle – Plateau de Beille. À savoir : 197,7 kilomètres et près de 5 000 mètres de dénivelé positif.

9 h 08.

On fait des mathématiques dans le bus ce matin sur la route qui nous conduit au départ, ce qui est toujours agréable après être arrivé à l'hôtel hier soir à 21 heures, puis avoir dîné à 22 heures après le massage… C'est ce qu'on appelle la lessiveuse du Tour : il y a deux courses, dont celle de la récupération. Bref. J'ai le règlement et le profil de l'étape du jour posés sur mes genoux. L'étape est classée coefficient 4 (sur 6 maximum), c'est-à-dire de grande difficulté. En fonction de ce coefficient, les délais sont calculés et augmentés sur le temps réel du vainqueur : de 7 % si la moyenne kilométrique est inférieure ou égale à 30 km/h, de 13 % au-delà de 35 km/h jusqu'à 36 km/h, de 16 % au-delà de 38 km/h jusqu'à 39 km/h, de 18 % au-dessus de 40 km/h, etc… J'ai fait mes petites annotations. On a reçu un message de l'organisation hier soir : « *Étant donné les spécificités de cette 15e étape, avec un km 0 au pied d'un col de 1re catégorie, il a été décidé d'allonger les délais de deux points par tranche de moyenne horaire.* » Je crois qu'ils ne veulent pas que « Poggi » nous renvoie tous à la maison ce soir… En parlant de ce soir, on aura deux heures quarante-cinq de bus pour rejoindre Narbonne après l'étape. Sympa, non ?

Le bonheur, c'est quand on fait départ et arrivée au même endroit et qu'on dort sur place. Ça a dû nous arriver deux fois seulement !

Arnaud est le dernier coureur à entrer dans les délais, seul, pour une trentaine de secondes, 152e à 52'37" de Tadej Pogacar. Il termine assis contre les barrières, à peine lucide devant les caméras, regard hagard, joues creusées, visage ruisselant. Le corps mâché.

23 h 19.

Quelle journée... Pardon, mais j'en ai chié. J'ai tellement pensé à mes proches. « *Morgane, Morgane, Morgane...* » je me répétais son prénom à chaque coup de pédale dans l'ascension du plateau de Beille. Faut que je dorme, faut que je dorme. Demain c'est la journée de repos. Je vous raconterai tout.

Lundi 15 juillet

Jour de repos. Surtout, jour d'après.

19 h 11.

Je n'ai même pas roulé aujourd'hui. Je n'ai rien fait. Rien à part manger et dormir. Petit-déjeuner à 10 heures après une bonne nuit, et encore une sieste d'une heure.

Je vous raconte hier, allez.

J'étais mort complet à l'arrivée. Les trois derniers kilomètres dans le plateau de Beille, j'avais les yeux qui se fermaient tellement la douleur était forte, tellement je grimaçais. Je ne voyais plus rien. Moitié en hypoglycémie, moitié chaud, moitié froid, moitié tout. Plusieurs fois, ça m'a lâché, je ralentissais la cadence dans le col. Puis je me disais « *allez, encore* ». Je reprenais. Il fallait bien arriver là-haut. J'arrive presque à en rire en vous écrivant tout ça, en repensant à l'état dans lequel je me suis mis.

Je n'avais pas trop mal commencé la journée, pourtant : largué d'entrée au pied de Peyressourde, je voulais gérer mon effort. Je n'aime pas les débuts d'étapes au pied des cols. Je m'étais mis à mon tempo, en gestion, pour ne pas me faire péter la caisse. Contrairement à moi, les autres ont dû forcer un peu pour tenir dans la première ascension. J'en ai donc rattrapé quelques-uns, dont Cavendish sur le haut. J'étais bien, dans un petit groupe. J'étais persuadé que devant, l'échappée allait se former et qu'on rattraperait le vrai gruppetto dans la descente. Sauf que l'échappée ne s'est pas formée. Dans les cols de Menté puis de Portet-d'Aspet non plus. Et nous, on a dégueulé du temps dans la vallée. À cent bornes de l'arrivée, j'étais convaincu qu'on serait à la maison le soir. On était dix, avec notamment Gaviria, Bol, Degenkolb, Lutsenko, Ballerini, Eekhoff. Ça n'appuyait pas fort. J'ai commencé à prendre peur. Je passais des bons relais pendant un kilomètre ou deux. J'ai alors pris la décision que, passée la vallée avec eux, je me mettrai ensuite à mon rythme dans le col d'Agnes, sans plus m'arrêter jusqu'à l'arrivée, quitte à être seul devant.

Je les ai flingués dans le col. Je ne peux m'empêcher d'en sourire aujourd'hui. J'étais le sprinteur qui se prenait tout à coup pour ce grimpeur qui attaque, se retourne et ne voit personne prendre sa roue ! J'étais le Pogacar des losers du jour. Je dois avouer qu'hier j'aurais rêvé être grimpeur.

J'ai fait une belle montée, trois minutes d'avance sur eux au sommet, les jambes qui répondaient bien. J'ai fait la descente et la vallée à bloc, comme si je jouais la gagne, hors de question de terminer hors délai. Il s'agissait désormais de faire une belle dernière ascension jusqu'au plateau de Beille.

Les premières centaines de mètres se passaient bien. Je savais que les délais seraient d'environ cinquante-trois minutes et, surtout, Pogacar, là-haut, n'avait pas encore franchi la ligne. Jusqu'à ce que j'entende le groupe de Cavendish sur mes talons, juste là. J'ai alors pris un coup au moral terrible. Je me disais : « *T'as grillé des forces dans le col d'Agnes puis dans la descente, comme un con. Là, maintenant, ça va être chaud pour toi.* » Je suis resté au contact pendant un kilomètre. De moins en moins d'essence dans le moteur. Et j'ai lâché.

C'est là qu'a commencé le sauve-qui-peut. Pas d'énergie. Le stress de ne pas y arriver, de devoir monter à vingt kilomètres-heure, ce qui était impossible. Il n'y avait plus qu'une chose à faire : essayer de tenir, tenir et tenir encore. Quand ça va mal, c'est souvent la même chose qui se produit : je me mets en danseuse mais je me rassois au bout de trois secondes parce que je ne tiens pas. Je mets une dent de moins ce n'est pas assez, les jambes tournent trop, une dent de plus et c'est bien trop dur. Je suis à la limite, ça brûle. Je n'ai pas faim, je n'ai plus soif.

Deux options s'imposent alors : enlever les clés du contact ou les laisser dedans. C'est là que, en boucle, mon cerveau m'a lancé des *« Morgane, Morgane, Morgane »*. Je n'écris pas ça pour faire beau. C'est la vérité. À chaque coup de pédale. *« Encore, encore, encore. »* J'ai pensé à tous ces derniers mois, les stages, les absences, je me suis dit que je n'avais pas fait ça pour rien. Je voulais continuer ce Tour, je ne voulais pas rentrer le lendemain. C'est long un col comme le plateau de Beille, et c'est long de souffrir. Mais c'est aussi pénible d'être sur son canapé le lendemain parce qu'on a terminé hors délai. J'ai repensé à Tignes en 2019. J'ai dit non.

Dans la voiture derrière moi, Didier Rous et Yvon Ledanois m'ont bien encouragé. Leurs calculs étaient bons : *« Allez Arnaud, il te reste dix minutes pour les trois derniers kilomètres. »* Un peu plus loin : *« Allez Arnaud, trois minutes pour le dernier. »* Et ça l'a fait.

Mais je vais vous avouer quelque chose : quand j'ai franchi la ligne d'arrivée, dans les délais à une poignée de secondes près, j'avais honte, tellement honte. J'étais le dernier. Le nul. Le mec à la rue. Le mauvais, et vous savez depuis le précédent livre à quel point ce truc me hante. Le pauvre mec qui se bat juste pour terminer la course. J'ai pensé aussi à la dernière semaine à venir, ça a duré une demi-seconde. Comment vais-je faire. Comment vais-je récupérer. Mes pulsations max baissent de jour en jour, signe de fatigue accumulée, il va falloir que je récupère pourtant.

Je devais redescendre au bus à vélo pour gagner du temps. Je ne me suis pas senti capable de le faire, un coup à se casser la gueule. J'avais envie de vomir dans la voiture. Dans le bus, je n'ai rien pu avaler pendant deux heures. Il aurait fallu pourtant refaire les stocks assez vite. Mais ça ne passait pas. Je ne me suis même pas douché tout de suite. J'ai attendu qu'on prenne enfin la bretelle d'autoroute pour y aller, ça bougeait moins.

Les gars m'ont félicité. On a partagé nos douleurs. Tous m'ont dit : « *On en a chié nous aussi, Arnaud. On a roulé à bloc dans la vallée et pourtant, on a terminé à quarante minutes de Pogacar.* » Quand je vois que des Bardet, des Gaudu, des Barguil qui pèsent cinquante-cinq kilos terminent à plus de trente minutes… J'ai d'ailleurs fait mes petits calculs par rapport aux watts/kg que Pogacar a développés. Sur une ascension et un effort total de quarante minutes comme au plateau de Beille, je ne pourrais tenir que trois minutes dans sa roue en étant à bloc, allez peut-être quatre ou cinq.

Il faudrait en effet que je produise 540 watts pour faire du 7 watts/kg. C'est fou.

Je suis frappé par autre chose cette année : chaque soir, que ce soit dans les bus, le paddock, et même pendant les départs fictifs, tout le monde fatigue, se plaint, espère une nouvelle journée un peu plus tranquille que la veille. Et finalement non : ça repart à bloc. J'y vois plusieurs causes, en dehors du fait que c'est le Tour de France, la vitrine du cyclisme mondial, notre coupe du monde à nous. La première, c'est que la course pour le classement général cadenasse tout le monde. Le peloton réagit ainsi chaque jour pour fuir, prendre les devants pour exister mais surtout moins souffrir, ne pas subir ni mourir un peu plus chaque soir. Lors de l'étape du Tourmalet, il a fallu une heure trente de bataille pour qu'une échappée s'en aille, une première heure à cinquante kilomètres-heure de moyenne, ronds-points et virages compris. C'est-à-dire tout le monde à fond. Moi-même, si j'avais pu, un peu lancé de l'arrière, j'aurais tenté de m'extirper ne serait-ce que pour gagner un peu de temps avant les ascensions. La seconde cause, c'est que le niveau des coureurs s'est définitivement homogénéisé. Chacun est préparé, au top de sa forme, prêt à se contenter de pas grand-chose, à se jeter sur les miettes. Ça donne des étapes acharnées, des vitesses moyennes élevées.

Avec un peu de recul ce soir, je me dis que j'ai payé les quelques étapes précédentes, l'Auvergne où j'ai roulé fort pour être devant et jouer la gagne, et enfin celle de Pau. Je n'avais pas récupéré, encore moins après celle du Tourmalet, samedi.

Le sentiment de honte qui m'avait envahi à l'arrivée hier m'a quitté petit à petit au fil de la journée de repos. Demain, c'est sprint. On verra dans quel état je serai.

Je file dîner.

Mardi 16 juillet

Jasper Philipsen remporte une troisième étape au sprint à Nîmes. Arnaud ne sprinte pas et termine 18e pour ce qui était la dernière occasion de lever les bras d'ici le clap de fin à Nice.

21 h 21.

Les jambes allaient à peu près. Mais c'était très compliqué de se placer j'ai trouvé, avec tous ces îlots, ces ronds-points. Peut-être que vous ne vous en rendez pas compte à la télévision, mais c'était souvent très limite. Presque un final macabre. Ça vient d'ailleurs me frotter la chaussette dans la chute de Girmay. J'ai bien cru que j'allais y passer aussi.

Mercredi 17 juillet

Très offensif, l'Équatorien Richard Carapaz l'emporte en solitaire à Superdévoluy.

11 h 48.

C'est un peu particulier le lendemain matin de la dernière étape dédiée aux sprinteurs. Je veux finir le Tour. Je veux aider l'équipe à prendre les échappées pendant ces deux jours. Puis, vendredi et samedi, ce sera sauve qui peut.

21 h 45.

Le départ a été dur, une petite heure jusqu'à ce que l'échappée parte. Ça a ensuite roulé à un bon tempo sans vouloir revenir à tout prix sur les mecs devant. C'est dans le final que ça a roulé fort à nouveau, une bagarre entre des gars pour la dixième place au classement général. On était large pour les délais. Ça a été une journée sans stress finalement et je dois dire que ça fait du bien.

Jeudi 18 juillet

Tadej Pogacar s'impose au sommet d'Isola 2000. Arnaud termine dernier, seul devant la voiture-balai,

à 55'43" du Slovène, mais 7 minutes hors délai cette fois. Le Tour est terminé.

10 h 55.

Aujourd'hui, ça va être… comment dire ? Hard. On le sait tous. Je le sais.

19 h 31.

Je vous écris depuis la voiture. Le bus de l'équipe était déjà parti quand je suis arrivé. On arrive bientôt à l'hôtel, deux heures qu'on est partis. J'essaie d'allonger mes jambes. Je me sens dans un état bizarre, le paysage de montagne qui défile sous mes yeux par-delà la vitre. Soulagé sans doute, fier un peu, déçu et triste aussi.

Je n'avais plus la force de me battre. Je pouvais rouler pour terminer l'étape, oui, mais je ne pouvais plus me mettre la gueule en travers, il n'y avait plus rien à puiser dans aucun centimètre cube de mon corps, j'étais au bout du bout. Et pourtant, vous savez à quel point je déteste ne pas finir un truc que je commence. Je n'irai pas au bout de ce Tour, une fois encore. Et c'est comme ça.

Je n'avais jamais monté Vans, ni la Bonnette, ni Isola 2000. C'est parti très vite ce midi, je n'ai pas réussi à choper le bon wagon. J'ai rapidement compris, dans la Bonnette, que c'en était terminé pour moi. C'est haut

2 800 mètres d'altitude. Si haut. J'étais à la dérive. J'ai vu un de nos assistants à un moment donné sur le bord de la route. Je lui ai demandé où était garée la voiture. J'ai pensé arrêter là, comme ça, un peu salement, disparaître, je n'en pouvais plus de souffrir, je ne prenais plus aucun plaisir de toute façon depuis plusieurs jours.

Et puis non. Un coup de pédale après l'autre, une inspiration après une autre. J'ai continué, je n'ai jamais déclipsé. Les gens m'encourageaient. Peut-être était-ce vous derrière ces lignes. Merci parce que c'étaient de vrais encouragements, je l'ai senti à vos voix, à vos visages et c'était fort, vraiment.

On se raccroche à tout ce qu'on peut dans ces moments-là, tout résonne, tout fait écho comme quand on hurle au milieu des montagnes ou dans un tunnel. Tout me faisait vibrer, je n'étais plus qu'une caisse de résonance, perdu dans un paysage lunaire, gris et sans vie.

Dans la voiture, derrière moi, j'entendais les mots des membres du staff de l'équipe qui m'encourageaient eux aussi : « *Allez Arnaud, pas de regrets, tu finis l'étape !* » « *Allez Arnaud, tu n'abandonnes jamais, ce n'est pas maintenant que ça va commencer.* » Ils étaient fidèles à leur discours depuis plusieurs mois.

Quelque chose s'est alors produit en moi. Il s'est agi de montrer que je n'abandonne jamais, oui. De s'octroyer le droit d'être fier à l'arrivée, même seul devant la voiture-balai, même dernier. J'ai alors ressenti un soulagement, une forme de lâcher-prise.

À l'arrivée, j'ai échangé avec les journalistes qui m'attendaient. Je leur ai dit un peu tout en vrac, comme on pose ses sacs là, en rentrant du supermarché. Je ne savais même pas qui avait gagné l'étape. Je leur ai demandé. Pogacar ? Bien sûr, Pogacar.

Je ne suis pas Pogacar, je n'ai pas gagné le Tour, mais voilà, je suis assez content du mien, malgré tout. Peut-être allez-vous trouver ça médiocre, mais je crois pouvoir dire que j'ai réussi à reprendre confiance en moi ici, malgré le niveau assez dingue du peloton.

J'ai su frotter, et souvenez-vous, ce n'était pas si évident à l'heure de faire ma valise, j'ai su prendre des risques. J'ai fait un super sprint à Villeneuve-sur-Lot, qui a été la preuve que je pouvais encore gagner sur le Tour de France.

J'ai couru, aussi, avec de supers équipiers et un collectif solide. Je savais que mon train avait du potentiel. J'en suis désormais convaincu. Sans les pépins de chacun en début de saison… Dan va très vite, je crois qu'il a lui aussi repris de l'élan sur ce Tour. Au-delà de mon train, j'ai vu une belle dynamique, une équipe de guerriers, qui s'est bougée pour prendre les échappées, qui n'a rien lâché, j'ai vu du partage, de la cohésion.

Je me dis que je reviens de loin. D'une saison dernière sans grand tour, de quelques pépins, de tout ce que vous savez depuis le premier chapitre.

Là, à l'instant T dans la voiture, je suis mort. Je n'ai plus envie de poser mon cul sur une selle. D'ailleurs j'ai super mal au périnée depuis quelques jours. Fort de tout ce que je vous écris, l'envie va revenir, peut-être même plus vite que je ne le pense. Avec l'objectif de lever les bras, et de reprendre le rythme qui me mènera aux 100 victoires chez les professionnels. C'est un bel objectif je crois.

J'ai été focus sur mes objectifs toutes ces dernières semaines, encore égoïste, pour croire en mon destin, soutenu de partout pour tenter de les atteindre. Maintenant, il n'y a qu'une seule chose dont j'ai envie : me téléporter, rejoindre mes chéries et montrer que papa est là. Mine de rien, entre le stage en Espagne, les Quatre Jours de Dunkerque, le Tour de Suisse et le Tour de France, Margaux ne m'a pas beaucoup vu, elle a besoin de son papa. Morgane devrait sortir la semaine prochaine de la clinique. Je vais enfin pouvoir être là pour elle aussi.

Aux Confins

Mardi 13 août

Remise en route sur les hauteurs de La Clusaz, près du lac des Confins, en famille.

J'avais mal un peu partout en rentrant du Tour, j'étais fatigué. Et démoralisé, aussi, parce que Morgane est finalement restée à la clinique quelques jours de plus, n'a pas pu me rejoindre tout de suite à la maison. J'avais hâte qu'on se retrouve enfin, nous et la petite, tous les trois, après trois mois d'éloignement. Mais c'est ainsi, elle guérit à son rythme, je fais avec, je la trouve toujours aussi courageuse. Je suis passé la voir à la clinique sur le chemin du retour, dès le lendemain de mon élimination. J'y suis retourné le dimanche avec Margaux et les vélos. On s'est baladés, on a fait des choses simples. On est allés à la boulangerie, on a pris le goûter ensemble.

J'ai dormi quelques jours chez mes parents en rentrant du Tour. Je n'avais pas envie de notre « chez nous », et puis je ne pouvais pas tout assumer, bien trop fatigué. J'ai retrouvé ma chambre d'ado devenue chambre d'amis, un quotidien simple, en l'attendant. Les choses sont remontées, la fatigue se dissipant peu à peu comme une brume matinale. Je me disais : c'est quand même dommage de ne pas avoir terminé ce Tour de France. Cela écrit, tout bien pesé, je n'avais plus d'énergie, et puis il n'y avait pas cette ultime étape sur les Champs-Élysées qui aurait pu me faire tenir. Peut-être. Je ne saurai jamais. Je réentends, aussi, tous ces gens sur le bord de la route dans la Bonnette ou Isola 2000, me crier : *« Allez Nono, accroche-toi, tu vas gagner sur les Champs.* » C'est drôle, non, avec du recul ?

Je suis remonté sur mon vélo le mercredi, une petite séance d'une heure et demie, même chose le jeudi.

Puis Morgane est rentrée. On s'est projetés. On a eu envie de montagne, de grand air, de calme, de déconnexion. On est partis direction la station de La Clusaz où on a nos habitudes, dans un chalet sur les hauteurs, aux Confins, accompagnés de mes parents pour que je puisse m'entraîner sereinement, pour que Morgane le soit aussi.

J'avais repéré que sur le chemin des Alpes se déroulait le Critérium international du Grand Dole et que les organisateurs cherchaient des coureurs. Je me suis dit que ça me ferait du bien, que ça permettrait aussi de faire une halte pour Margaux afin que la route ne soit pas trop longue. J'y ai donc participé. C'était le samedi, soit une semaine après mon retour du Tour. Une grande fête. Un sacré spectacle avec village-départ, sono à fond, circuit en ville, caravane publicitaire, cyclosportive le matin, une des plus belles organisations que j'aie pu voir. J'ai pris le temps de faire des photos avec les gens, de signer des autographes. Accueil chaleureux.

Et puis on a rejoint La Clusaz. J'y ai réappris Morgane. Au fil de longues discussions, de balades, de quelques randonnées ou de sorties à vélo, elle sur son gravel électrique ou le vélo de ma mère, au fil de ses petits moments où elle avait besoin de s'isoler. J'ai jaugé, dosé, appris à ses côtés. On a entendu des « papa », « maman », des milliers de fois pendant quinze jours. À peine sortis d'une pièce, Margaux nous suivait, trop contente qu'on soit là. On a fait des choses simples. Des petits-déjeuners tous ensemble qui duraient une heure. On a traîné. On a fait le marché. Il encerclait l'église tous les lundis matin. On y était vers 9 heures, merci Margaux-la-lève-tôt, la petite sur mon dos dans le porte-bébé, avant la foule. Des fruits. Des brochettes pour le midi. De la tapenade d'olives. Des melons. De la pastèque. Tout ça était magnifique. Ça n'a pas de prix. On vit peu ces moments-là quand on est coureur cycliste professionnel.

On a un peu regardé les Jeux olympiques de Paris. Papa faisait le compte des médailles chaque matin, on râlait d'ailleurs parce qu'on ne voulait pas passer notre temps devant la télé. Malgré tout, ce que j'ai vu était éblouissant : Pidcock en VTT, Duplantis à la perche, Léon Marchand, Benjamin Thomas que j'ai raté et vu en différé, Madouas et Laporte qui font argent et bronze.

Et puis j'ai roulé. Jimmy m'avait prévu malgré tout de bonnes séances. Les jours de repos, en revanche, je ne roulais pas du tout. On allait randonner, on traînait au chalet, on se promenait autour du lac des Confins. Mentalement, ça m'a permis de récupérer, de réobjectiver après une période très dure, une préparation anormale compte tenu de tout ce qu'il s'était passé. À vous écrire, je me dis que ça a été difficile, tout de même, de maintenir le cap pour être présent sur le Tour de France. C'était une montagne à gravir, mais je n'en ai pris conscience que le jour du grand départ presque, comme si j'avais été dans un long tunnel pendant plusieurs mois, les fils débranchés, ne voyant la lumière qu'au dernier moment. Je vous l'ai dit, j'y ai repris confiance, au sein d'un bon groupe.

On réobjective en remontant sur son vélo, en reprenant le boulot. La première séance, je me suis demandé pourquoi on avait choisi de partir à la montagne ! Les mauvaises jambes, la fatigue qui arrive tout de suite, dès les premiers tours de roue. J'ai cru que j'allais galérer pendant quinze jours. C'est la première fois que je venais à La Clusaz en décompression, après un objectif. Jusque-là, je venais toujours pour y préparer quelque chose, la Vuelta ou la fin de saison, pour « taper dedans » comme on dit. Ça a donc été dur lors de la première séance. Mieux la deuxième. La troisième, j'ai senti que les jambes étaient là, bénéfice du Tour où je m'étais mis minable tous les jours en roulant à bloc. Après un grand tour, il se passe des choses étonnantes dans le corps : on peut rouler des heures sans trop boire, sans trop manger. Le corps marche sur les graisses, se débrouille pour produire de l'énergie, reprend sa marche en avant.

J'avais de la force sur le long, jamais poussif. J'enchaînais bien les exercices de PMA ou de sprints. Je récupérais tout en pouvant m'appuyer sur ces bénéfices physiologiques. J'ai fait un peu de vitesse pour ne pas m'endormir car, oui, le rythme de la montagne peut faire ronronner le moteur. J'ai fait des sorties de cinq heures poinçonnées d'exercices spécifiques, voire de six heures trente ce jour où on s'est fait surprendre avec mon père par un gros orage. J'ai un peu plus fatigué sur la fin de ces quinze jours mais j'ai bien travaillé. J'ai repris du plaisir, une des clés.

J'ai aussi compté le nombre de jours de courses qu'il me resterait d'ici la fin de la saison. Quinze. Le nombre de chances de jouer la gagne en enlevant les deux chronos et Louvain, sans doute trop dur. Une dizaine d'opportunités environ.

Et puis… et puis je n'ai pas envie de terminer la saison bredouille. J'ai toujours l'objectif d'atteindre les 100 victoires chez les professionnels. Il m'en manque une poignée. C'est drôle, d'ailleurs : ce sont les dernières qui vont être les plus difficiles à obtenir alors que j'ai déjà fait des saisons à quatorze victoires voire plus. De toute façon, je ne m'arrêterai pas tant que je n'en aurai pas cent et même peut-être plus que ça si je parviens à reprendre un rythme normal.

Voilà comment on se remet en selle. En acceptant que la vie nous réserve des aventures qu'il convient de surpasser, en ne perdant jamais de vue ce pourquoi on est là, pourquoi on fait tout ça.

Départ demain pour Louvain puis course jeudi. C'est reparti. C'est chouette. Le parcours sera sans doute trop difficile pour moi mais ça fera une belle reprise en vue du Tour du Poitou-Charentes, à partir de mardi prochain. Mes parents doivent me rejoindre là-bas, au moins sur les deux premières étapes, après avoir passé deux jours avec mes neveux, Rose et Louis, au Puy-du-Fou. Ils m'accompagnent aussi demain avec Morgane et Margaux.

Morgane a repris son travail à notre retour à la maison. À La Clusaz, je l'ai vu reprendre confiance en elle jour après jour et c'était beau à observer. Elle vient de coucher Margaux. Elle devait redescendre manger son dessert mais je crois qu'elle a dû s'endormir près de la petite. Me voilà seul sur la terrasse. Ma tisane et la nuit qui tombe sur le jardin. Le ciel rougit.

Jungle

Samedi 17 juillet

Retour à la maison après une bonne dixième place au Tour of Leuven remporté en solitaire par Markus Hoelgaard.

Ça faisait un moment que je n'étais pas allé au jardin, trop pris par les stages, les courses, Dunkerque, la Suisse, le Tour de France puis le « télétravail » à La Clusaz. J'ai eu besoin de le voir aujourd'hui, comme on rend visite à un camarade, un camarade que j'aurais un peu abandonné ces derniers mois.

J'aime m'y tenir debout, je pourrais passer des journées entières à m'y promener. Cet hiver, j'y plantais un arbre ou un arbuste par jour. J'aime l'écouter, l'observer. Une abeille charpentière bleue sur les fleurs de Phacélie. Une toile d'araignée. Une fraise cachée. La lumière qui semble monter de la terre. La menthe en fleurs. Les allers et venues des mésanges sur le pas de la porte de leur maisonnette. Les poules, leur enclos. Je leur parle. C'est une petite musique, un jardin.

J'ai retrouvé cet après-midi un camarade hirsute, mal rasé, sorte de Robinson Crusoé, seul et abandonné, je pourrais même écrire « une petite jungle » nichée dans notre recoin de Picardie. Avec la pluie, tout a poussé vite, haut et fort. Un joyeux bazar, un laisser-aller, et ça me va.

Je veux tendre vers un jardin nourricier selon les saisons, pas prétentieux, sans devoir planter chaque année, sans obligation, facile. J'ai raté les mirabelles pendant qu'on était à La Clusaz. J'ai raté les cerises, les fraises. Ce sera peut-être pour l'année prochaine.

Cet hiver, mon beau-frère et mon père ont construit une petite pergola pour les kiwis. Ça a bien grimpé pour une première année. Papa m'a planté des pieds de courgettes, des tomates. Des graines spontanées se sont invitées dans la serre et donnent des potirons superbes déjà orangés. Les alternances de pluie et de soleil ont donné corps et couleur à ce petit monde foutraque, c'est vivant, joyeux et presque silencieux, tout juste bourdonnant. Le pommier ploie sous les fruits. Le poirier fait voûte lui aussi. Les mûres s'extirpent des ronces comme pour se signaler, tendre le cou vers le soleil. Les framboisiers sont montés à plus de deux mètres, ce sont les « Mondo » Duplantis du carré. Le citronnier n'a jamais été aussi beau, ses fruits gonflent. La vigne, deux ans d'âge, donne ses premiers raisins.

J'observe et je grignote quand je vais lui rendre visite. Margaux dans les bras désormais. On a ramassé quelques pommes hier. On fera des compotes. Elle s'est assise sur un banc, la bouche toute rouge de jus de framboise.

Dans ce jardin, je croise parfois un ou deux hérissons. Je les trouve au bout de la traînée qu'ils laissent dans la rosée, les matins frais. Un couple de tourterelles niche sur la pergola.

J'aime l'idée qu'ici, on favorise et on préserve la vie, que c'est la nature qui domine et pas la main de l'homme. Les soirs d'été y sont merveilleux.

Victoire

Mardi 27 août

Première victoire de la saison au Tour du Poitou-Charentes. Comme un soulagement après une dixième place décevante lors de la première étape et une deuxième place rageante le lendemain. Quelques jours plus tard…

Qu'est-ce qu'il m'a rendu heureux, ce succès. Sur le fond comme sur la forme. Tout a été fluide, limpide cette fois. J'ai attendu le bon moment, lancé au bon moment, et voilà.

Je vois venir les mauvaises langues : une victoire sur le Tour du Poitou-Charentes, il n'y a pas de quoi pavoiser. Certes, mais j'ai toujours dit qu'aucune victoire n'était facile à décrocher, même quand j'en comptais quinze par saison, sur le Tour, sur le Giro comme sur les Boucles de la Mayenne, et je maintiens ce que je dis.

C'est le corps tout entier qui ressent une victoire. Quand j'ai commencé à lever les bras, encore penché sur mon vélo, les mollets, les cuisses, les bras encore pleins d'effort, j'ai senti un relâchement total, comme si toutes les questions qui m'assaillent depuis des mois s'envolaient à mesure que je me redressais sur le vélo. C'est ça : je ne me posais soudainement plus aucune question. J'ai gagné. Point. Pas besoin de me refaire quinze fois le sprint dans ma tête, cette fois. Je vivais enfin sans « pourquoi », sans « et si… », ces deux compagnons d'infortune, le « pourquoi » sur l'épaule droite et le « et si » sur l'épaule gauche. Vous voyez ce que je veux dire ?

Pendant le retour à l'hôtel, c'est autre chose qui s'est invité. Je me sentais déjà plus apaisé depuis ma reprise post-La Clusaz. Mais cette victoire a décuplé cette sensation. L'apaisement est devenu plus profond encore, ancré, entier, dans les jambes, les bras, le cœur, le ventre, infusant lentement comme un sachet de thé dans son eau brûlante.

Je l'avoue : depuis un moment, l'idée de terminer la saison sans gagner me faisait peur. Oui, peur. Mais ce n'est pas tout. Il y a eu les circonstances particulières de cette année, intimes, que vous connaissez, cette idée d'arrêter la saison dès le mois de mai, et d'autres petites choses qui sont venues me percuter, insignifiantes peut-être, mais bien réelles.

Je vous les liste : les discussions autour de la vie de papa avec quelques coureurs, tout au long des derniers mois. L'arrêt de Thibaut Pinot. Le départ de Peter Sagan. La fin annoncée de Romain Bardet. Des mecs de ma génération. Ça m'a touché de les voir partir. Aussi, mes 32 ans. Puis mes 33 ans depuis hier. Les dix années qui me séparent des jeunes de la Conti avec qui je courais la semaine dernière, très en pointe sur l'aérodynamisme de telle ou telle paire de chaussettes, les études sur les casques, tout un tas de choses qui ne me souciaient guère à leur âge, pourtant devenues si cruciales aujourd'hui.

Enfin, les gars de mon ancien train de la Groupama-FDJ qui m'ont annoncé tout récemment sur notre groupe Whatsapp qu'ils mettaient un terme à leurs carrières. Vous vous rendez compte ? Même moi je peine à le croire et à l'écrire. Jacopo (Guarnieri), Ramon (Sinkeldam), « Kono » (Ignatas Konovalovas). On se fera un petit truc chez « Kono », en Lituanie, pendant la trêve hivernale, pour marquer le coup et se remémorer nos beaux souvenirs. Je me suis imaginé, à les lire, une vie sans vélo par instants. Moi, je suis dans le dernier tiers de ma carrière. J'ai envie de continuer. Par passion. Par goût. Par envie. Par égoïsme. Je me trouve toujours égoïste à partir, à penser à moi, à mes performances, à ma récupération, à embarquer tous mes proches dans ce bazar. Par égoïsme, aussi, parce que je veux que Margaux connaisse son papa comme champion. Elle ne s'en souviendra pas ou peu, mais elle l'aura quand même vécu.

Elle me fait du bien cette victoire au Tour du Poitou-Charentes. Souffrir comme j'ai souffert ces derniers mois sans rien au bout, ce n'est pas ce que j'attends. Vous pouvez vous dire que j'ai toujours le salaire et le statut, mais pour moi ce n'est pas suffisant.

Certains tiennent même les comptes : untel n'a pas gagné depuis trois cents et quelques jours, untel depuis deux ans. Ils oublient un peu vite les exigences et les aléas du sport de haut niveau.

Leur drôle de compteur s'est arrêté désormais. J'ai reçu beaucoup de messages, de la part de coureurs, d'adversaires : « Un lion ne meurt jamais, il dort » ; « Champion, ça ne se perd pas, c'est en soi » ; « On n'enterre jamais un grand sprinteur, jamais ». À les lire, j'ai parfois l'impression qu'il n'y a que moi qui doute, jamais ceux qui me soutiennent, ni même les spectateurs qui m'encouragent.

J'ai eu l'impression de reprendre de la valeur.

Morgane va mieux. On retrouve notre vie normale.

Samedi, en rentrant, j'étais vraiment fatigué. Je n'ai pas roulé dimanche, repoussant ma sortie d'entraînement à hier. Sans doute l'accumulation de tout ça, comme une décompensation physique, psychologique. J'ai déconnecté. Avec Morgane, Margaux, la famille. Des choses simples, au jardin. Les pommes étaient un peu gâtées. On les a ramassées. On avait la rosée le matin, la petite avec son pantalon imperméable qui pouvait tomber et se relever sans se mouiller. Ça la faisait beaucoup rire. On a cueilli des mûres, donné à manger aux poules, grignoté des framboises.

Me revoilà en route pour le Renewi Tour, ma dernière course à étapes, cette fois avec plein d'autres objectifs pour la fin de la saison. Thomas Voeckler, le sélectionneur national, m'a dit aujourd'hui qu'il m'emmenait aux championnats d'Europe, mi-septembre, à quatre heures de la maison, en Belgique. Ça ressemblera aux championnats du monde de Louvain quand Julian Alaphilippe avait gagné, mais en moins difficile. On peut imaginer un sprint final ou un groupe de coureurs échappés qui irait au bout. Renewi, Hambourg puis les Europe.

Jimmy, mon entraîneur, va quitter l'équipe. Il m'a annoncé ça il y a peu. Ça m'a mis un coup au moral. C'est la période du mercato, comme pour les coureurs, c'est ainsi chaque année. Ça aura été court avec Jimmy, mais bénéfique en plus d'avoir été un plaisir.

Je commence à réfléchir à la façon dont je vais procéder la saison prochaine. Est-ce que je ne pourrais pas me gérer tout seul après tout ? Vous allez me dire qu'il me faudrait quelqu'un pour me freiner, pour ne pas me retrouver en surentraînement, mais je crois que j'ai pris une bonne leçon en début de saison. J'ai compris.

On verra. On n'y est pas encore. En tout cas, ce n'est pas la fin.

Le doigt (bis)

Lundi 9 septembre

Histoire d'un auriculaire récalcitrant.

Je vous ai déjà parlé de mon petit doigt droit, je crois, un peu avant dans le livre. Il m'embête toujours. Sur le vélo, non. Mais il m'arrive, dans la vie quotidienne, quand je me cogne ou que je fais un mouvement inhabituel, de ressentir des poignées de châtaigne ou des douleurs qui font penser à une entorse.

J'ai consulté une spécialiste il y a peu, je ne vous l'avais pas dit. J'y suis allé inquiet, j'avais besoin d'un avis parce que je trouvais la guérison particulièrement lente. Pour voir avec elle, aussi, si je pouvais faire quelque chose pour le retrouver totalement opérationnel. Je n'avais pas envie de garder cette fragilité toute ma vie. Elle m'a dit : *« Rassurez-vous monsieur Démare, vous êtes seulement à la moitié de la guérison. »*

J'ai fait de grands yeux je crois. « *C'est très long, il faut compter au moins six mois.* »

Ça m'a rassuré. Demain matin, j'ai rendez-vous pour une orthèse que je porterai la nuit, et une bande de mobilité que je poserai plusieurs fois par jour.

Ce doigt continue de se déguiser. En gros radis d'abord. En crochet, tel le capitaine. À partir de demain, il se drapera tel un Touareg dans le désert.

Baston

Dimanche 8 septembre

Hambourg. Sprint massif. 12e place. La vie dans le peloton.

Je suis à l'aéroport. Je vais bientôt passer la douane. La journée a été spéciale. Le départ a d'abord été retardé de quinze minutes, puis de vingt-cinq à cause d'un accident qui avait eu lieu sur la cyclosportive avant notre passage. On a vu les hélicoptères, ça devait être très sérieux.

Une fois le départ pris, on a roulé une demi-heure avant d'être arrêté par un train à un passage à niveau. L'échappée avait déjà 4'30 d'avance. Dans ce cas, le règlement donne l'avantage aux hommes devant. Quand les barrières se sont levées, on avait déjà huit minutes dans les carreaux. Donc ça a roulé à bloc.

C'était très nerveux. Ça peut être violent un peloton. On vous bouscule, on vous tape si on trouve que vous n'êtes pas légitime d'être là où vous êtes. Un Bora roule. Un Lotto roule. Vous êtes bien, tranquille, en vingtième position depuis dix bornes. Et soudain, des mecs arrivent et vous dégagent tous parce que leur équipe, désormais, roule. Queue de poisson, à la limite de vous faire tomber. Petits coups de coude. Quelques règlements de compte, des bons coups de cocottes dans les fesses. Vous voulez vous remettre dans la file. Sauf qu'elle est occupée par d'autres équipes qui ne roulent pas. Coups de coudes, combats de coqs. Pour rien bien souvent, pour gagner dix places alors qu'il reste cent vingt kilomètres de course et qu'on avance sur une autoroute de cinquante mètres de large.

Ça frotte, ça s'engueule. Il s'agit d'être dans le match, de se faire sa place, de ne rien lâcher. Anthony Delaplace, mon coéquipier, m'a fait rire, une fois. Lui, il ne lâche rien. Il m'est arrivé de lui dire « *Nan mais laisse, Antho, c'est pas grave, on est à plus de cent kilomètres de l'arrivée, t'embête pas* ». Et lui de me dire, vraiment énervé : « *Hors de question, ils nous prennent pour des merdes, donc je ne laisse pas ma place !* » C'est un mec chouette, Anthony, cash, caractériel.

Un peloton est une masse féroce, hurlante, en itinérance. Je dis « on » mais je prends ma part, je ne suis pas toujours gentil, cette image dont on m'affuble souvent. Je suis un autre homme quand je mets un dossard. Je deviens un fou comme tout le monde. Parler devant des journalistes ou sur un podium, ce n'est pas ma place. Là où je suis le meilleur, c'est sur un vélo. Mon beau-frère, lui, a des mains en or. Il est capable de faire un dressing en bois superbe comme ça. On a tous un talent. Je peux être fauve.

Montmille

Jeudi 12 septembre

En gare. Direction les championnats d'Europe avec l'équipe de France.

Je viens d'arriver en gare de Paris Nord. J'ai quelques minutes avant de monter dans le train.

J'ai envie d'en profiter pour vous raconter ma séance matinale. Je me suis entraîné avec Guillaume et Thibaut, mes cousins, et Baptiste, avec qui j'avais roulé à Calpe, souvenez-vous. On a un groupe WhatsApp. Ce matin, je leur ai envoyé un message avec le déroulé de la séance du jour. Du lactique me concernant. Le genre de séance désagréable, qui fait mal. Des efforts d'une minute, répétés. Des blocs de trois fois une minute, suivis de temps de récupération. Plus on avance, moins les temps de récupération sont longs et plus on doit monter dans les pourcentages d'intensité, pour finir à fond. Tout ça au beau milieu d'une sortie vélo. Et dans le froid ! On a perdu quinze degrés en quelques jours ici, ressorti le collant long, froid aux mains, il faut se réacclimater et c'est plus difficile en fin de saison.

Les gars m'ont épaté. Ils sont forts ces amateurs ! On s'est retrouvés à la fraîche, on a défini un parcours au feeling. On passerait par la bosse de Montmille, un peu au nord-ouest de Beauvais, idéal pour mes exercices. On partirait du carrefour, en bas, pour monter jusqu'au porche de l'église, une minute d'effort, ce qui est assez long quand on est à 90 % voire 100 % à la fin. La première ascension, ça va. La deuxième, c'est dur. La troisième ça se complique, on peut à peine arriver en haut. On a fait la dernière à fond, il y avait un KOM Strava à jouer, entendez un record chronométrique sur ce segment-là, détenu par… Guillaume en personne. Il s'est mis à plat ventre pour ne pas perdre son titre, et vu qu'on n'est pas partis lancés au pied, il a pu le conserver.

On est rentrés au bout de trois heures, en faux-plat descendant, vent de dos. Évidemment, on n'a pas eu besoin de se regarder pour se faire une pancarte dans le village de Saint-Paul. Ils m'ont lancé tels de vrais poissons-pilotes, à bloc. J'ai fait un sprint très long, de plus de vingt secondes, pour me préparer aux Europe.

Les sensations étaient bonnes. Jimmy me parle souvent du système sympathique et du parasympathique. En gros, le système nerveux sympathique augmente la fréquence cardiaque, accélère la respiration tout en la rendant moins profonde, dilate les pupilles et stimule le métabolisme. À l'inverse, le système nerveux parasympathique a un effet apaisant sur le corps. Aujourd'hui, le frein à main est descendu au fur et à mesure de la séance. Je dois même dire que j'ai aimé me faire mal à la fin, ce qui est bon signe.

J'ai fait un peu de gainage en rentrant. Morgane avait préparé un bon petit plat, Margaux avait déjà mangé. Elles m'ont amené en gare de Beauvais et voilà.

Depuis quelques jours, je reçois via le groupe WhatsApp de l'équipe de France des vidéos du parcours, d'anciennes courses qui empruntaient des portions du circuit. La compétition se déroule dans la province de Limbourg en Belgique. S'il y a du vent, ça peut être difficile, les routes sont étroites, ça va se jouer au placement. Si ce n'est pas trop le chantier, je peux avoir ma chance au sprint. J'ai checké la pluie. J'en ferai de même pour le vent en temps voulu.

La tactique de course sera bien sûr établie par Thomas Voeckler, maître en la matière. Compte tenu des premiers messages échangés, j'ai compris qu'il aimerait que ça bouge, il aime ça, ça ne me surprend pas. Sa sélection va d'ailleurs en ce sens. Des mecs comme Sandy Dujardin, Adrien Petit, Christophe Laporte aiment bouger et vont assez vite au sprint. D'autres seront là pour travailler. Moi, j'avais dit à Thomas que si j'allais aux Europe, c'était aussi pour pouvoir jouer ma carte si le scénario était favorable. Parce qu'en parallèle, il y avait le Grand Prix d'Isbergues ou d'autres courses sur lesquelles j'aurais pu m'exprimer et bien représenter Arkéa-B&B Hotels. Il avait été rassurant sur ce point.

Ses premiers messages au groupe ont donné le ton : « *J'espère que vous êtes prêts, on n'y va pas pour passer des vacances.* » C'est tout lui, un vrai meneur d'hommes. Drôle aussi, quand il nous a proposé de faire un dessin du parcours à Christophe Laporte qui ne nous rejoindra qu'un peu plus tard. Il arrive toujours à souder l'équipe.

Je me rends compte à vous écrire que je passe beaucoup de temps dans les gares et les aéroports. Ici, gare du Nord, ils ont abandonné les vieux tableaux d'affichage noirs où les lettres et les chiffres tournaient sur eux-mêmes avant de s'arrêter en faisant clac-clac-clac-clac. Vous les entendez ? Ça faisait un boucan d'enfer. Ils ont été remplacés par des tableaux numériques. Je trouve ça dommage, j'aimais bien ce côté rétro-vieillot charmant, dignes de films en noir et blanc.

J'aime regarder les gens qui se pressent quand je n'en fais pas partie. J'ai une petite heure et demie de trajet. Les billets de train, pour ceux que ça intéresse, sont réservés par le staff de l'équipe de France qui nous soumet plusieurs horaires en fonction de la date et du lieu de rendez-vous. Le reste de la saison, avec nos équipes j'entends, on s'en occupe nous-mêmes et on envoie nos notes de frais, repas, indemnités kilométriques, train, avion, comme beaucoup de salariés finalement.

Dans le TER entre Beauvais et Paris, j'ai poursuivi mon visionnage de la série *Le bureau des Légendes*, j'adore. Je vais enchaîner. J'arrive au bout de la cinquième saison.

Ça y est, mes pensées vagabondent.

Ce week-end une de nos poules est morte. Je ne sais pas pourquoi, peut-être la maladie. Morgane l'a mise dans un sac plastique puis à la poubelle, je pensais m'en occuper mais elle n'a pas passé le week-end. Avant, je les enterrais dans le fond du jardin avant que quelqu'un me dise que ce n'était pas une bonne idée, que ça allait attirer les nuisibles, ou les chiens ou les chats. Je n'aime pas faire ça.

Dans la voiture, tout à l'heure, Margaux pleurait. Elle comprend quand je pars désormais. Je suis sûr que sitôt la porte fermée, elle a arrêté, un peu comme quand on la couche le soir. Juste avant que je les quitte, Morgane m'a prévenu qu'elles voulaient venir me voir ce week-end. C'est chouette. Mes parents seront en camping-car et les filles en van.

Voilà. Hier, j'ai accompagné Morgane qui était partie courir. J'étais avec Margaux, devant moi, sur mon VTT. Morgane va bien. Elle positive, elle m'encourage, on se projette sur la fin de la saison et la prochaine. Parfois, dans la journée ou dans une discussion, elle semble ailleurs pendant quelques secondes. Alors je lui prends la main et je lui demande doucement si ça va.

Vague

Jeudi 19 septembre

Retour en Picardie après une 11e place aux championnats d'Europe, en Belgique. Pas pu sprinter.

Me revoilà gare du Nord à Paris, encore et toujours en transit vers la Belgique. J'ai une demi-heure devant moi pour regarder les gens déambuler, observer cette vie des travailleurs ou des vacanciers défiler en contrebas. J'ai trouvé une belle place, au premier étage, vue sur le hall 1, dans un nouvel endroit, le Fnac café. Belle idée, il y a des livres un peu partout à disposition. Juste derrière moi, un Hollandais qui parle fort, en visio sur son ordinateur portable.

Je vais vous écrire mes championnats d'Europe. Le résultat, 11e, n'est pas satisfaisant, très frustrant. On a fait la course qu'il fallait, la course que Thomas (Voeckler) voulait, c'est-à-dire une course de mouvement pour essayer de minimiser les chances de victoire de Jonathan Milan, le sprinteur italien ultra favori. Les Danois aussi voulaient que ça bouge, les Suisses, les Hollandais, tout le monde s'y est mis pour éviter une arrivée massive.

À l'approche du final, tous les « survivants » ont fini par se regrouper, une petite cinquantaine de coureurs pour jouer la gagne. Christophe Laporte, qui venait de contribuer à la plus longue échappée de la journée, m'a dit que ça allait être pour moi. On n'avait pas prévu d'emmener un sprint pour finir, ce n'était pas le plan initial. Au kilomètre, on s'est retrouvés dans la roue des Italiens, la meilleure place possible, à l'abri. J'avais d'excellentes sensations, jamais en difficulté de la journée. À ce moment-là, j'y ai cru. Les planètes s'alignaient, j'avais l'énergie, le mental, le placement, tout. Je me disais *« je vais tous les bouffer »*.

Et on s'est fait déborder par une vague à droite, les Italiens avec. Et je ne sprinte même pas, vingt secondes à 800 watts, je suis resté le cul sur la selle.

Beaucoup de gens, après la course, étaient un peu remontés contre Christophe, qui, selon eux, ne m'avait pas emmené assez fort. Mais on était dans la roue de Milan, on était très bien. Soit je le suivais et je faisais podium, soit je déboitais et je jouais la gagne. Mais la vague a tout emporté et Christophe n'y était pour rien. Il m'a dit *« je suis désolé, on s'est fait avoir »*. On a tous un peu trop attendu les Italiens et Milan.

J'étais très déçu. Thomas nous a dit qu'on ne pouvait ni gagner ni faire un podium à chaque fois, que c'est le jeu, que c'est le cyclisme, qu'on venait de faire la course de mouvement attendue, que tout le monde avait bien bossé. C'est exactement ce qu'il a dit aux médias juste après.

J'étais très déçu sur la route du retour. Pour tout cela, mais aussi parce que j'avais là un terrain de jeu qui me correspondait parfaitement : ni trop dur, ni trop facile, un équilibre idéal. Et la forme physique pour tout exploser dans le final. Aussi, parce que, vous le savez bien, je suis à la recherche de résultats en cette fin de saison, et que ça aurait été beau.

Je sais mieux que personne que le sprint n'est pas une science exacte. Il me reste cinq courses pour lever les bras d'ici au 6 octobre et la conclusion sur Paris-Tours.

Ce sera aussi le moment d'envoyer toutes ces pages que vous êtes en train de lire. Je vais les relire un peu, évidemment, mais j'ai décidé de ne rien modifier. Après tout, l'exercice du carnet de bord se respecte et doit dépasser son propre auteur quand bien même il n'est plus d'accord avec ce qu'il écrivait, quitte même à ce qu'il se voie presque comme un étranger. Hier soir, je me suis replongé dans le premier chapitre, j'ai regoûté à ce sentiment presque exalté d'enthousiasme, de motivation, de joie. J'ai eu parfois l'impression d'être un imposteur en relisant cela, compte tenu de toute la suite, le fait de tomber malade, puis d'être mauvais, l'impression de vendre du rêve.

Et puis non, après tout, c'était d'une grande sincérité. Ça fait partie de l'histoire d'une saison parmi d'autres, de l'idée d'un recommencement permanent, face à l'asphalte et une feuille blanche. Il n'est pas utile de tricher, d'arranger, de corriger la réalité. Ce qui est, est. Manu Hubert disait il n'y a pas longtemps que le vélo est l'un des seuls sports où l'on perd 98 % du temps, à mille lieues du football. C'est vrai.

Vous allez peut-être trouver ça curieux : ces championnats d'Europe m'ont redonné confiance. J'ai bien récupéré de mon enchaînement Louvain – Poitou-Charentes – Renewi. En ce moment, je marche à la fraîcheur, je cours et je récupère, je ne fais rien d'autre, et je crois que c'est en train de me faire du bien, tout comme la coupure de trois semaines après le Tour m'avait régénéré.

J'ai gardé Margaux lundi, la nounou est en vacances. J'ai fait un peu de muscu mardi. J'ai roulé hier puis on a profité de moments simples en famille. La petite nous fait des concerts d'harmonica à la maison en ce moment. C'est toujours plus agréable que quand je lui avais donné le sifflet du Tour de France ! C'est par ailleurs une vraie pipelette. On ne comprend pas tout mais elle n'arrête jamais. Le framboisier donne tout ce qu'il peut en ce moment, ça ressemble à un feu d'artifice. Et Margaux se goinfre, je suis obligé de la freiner. Elle mange ça comme des bonbons.

Je ne ressens pas cette lassitude de fin de saison, qui peut parfois me gagner. Je veux lever les bras. Les trois courses à venir, certes moins prestigieuses, sont de vrais objectifs. Demain le championnat des Flandres, qui va d'ailleurs me faire manquer un petit dîner surprise en l'honneur de ma sœur pour son diplôme d'ostéopathe ; dimanche Paris-Chauny ; mercredi Houtland. Ce n'est jamais fini. Tant mieux.

« Est-ce que je suis normal, maman ? »

Vendredi 20 septembre

Des mots rares de Nadine, la maman d'Arnaud.

« J'ai déposé Josué, mon mari, à l'aéroport de Roissy ce matin. Le réveil a sonné à 3 h 15. Il part rouler une semaine en solo au Maroc, mille kilomètres dans le désert, avec ses sacoches. Ma journée de travail au lycée est terminée. Je ne vais pas tarder à rentrer. Ce soir, je serai chez Hélène, notre fille, pour fêter son diplôme, comme vous le disait Arnaud juste avant. On est fiers de sa reconversion. Elle commencera son activité d'ostéopathe le 1er octobre et c'est un sacré virage.

Il y a Arnaud dans nos vies, et il y a aussi Hélène. On m'a demandé un jour comment les parents que nous étions gérions l'équilibre à la maison, pensant que ça penchait toujours du côté d'Arnaud, le champion de la famille. Disons que les choses se font assez naturellement : le week-end, ça penche plutôt vers Arnaud et ses compétitions, en effet, mais la semaine est surtout consacrée à Hélène et ses enfants, Rose et Louis. Chacune des deux petites familles habite à 2,5 kilomètres de chez nous. Ainsi va notre balancier de parents.

Je dois dire que je ne sais pas exactement ce qu'Arnaud vous raconte depuis le début de ce livre, je découvrirai tout cela en même temps que vous. J'imagine qu'il vous fait notamment part de son quotidien bouleversé depuis le printemps dernier, de ce branle-bas de combat qui s'est mis en place dès lors qu'il nous a appelés, ce matin-là, plein de peur et d'incompréhension, nous qui n'avions rien remarqué car nous ne sommes pas intrusifs, pour nous dire que ça n'allait plus du tout, qu'il avait besoin d'aide.

Nul besoin de s'étendre sur tout cela. On a réagi en parents, beaux-parents et grands-parents aimants. Il s'est agi, immédiatement, de protéger tout le monde : Arnaud, qui devait poursuivre sa vie de sportif de haut niveau, honorer son contrat, hors de question qu'il lâche tout, ce dont il aurait été question s'il avait eu une vie plus « normale » ; Margaux, évidemment, qui est un soleil et devait continuer à briller ; et Morgane, pour qu'elle prenne le temps, qu'elle se repose, se reconstruise, qu'elle s'extraie un peu de ce nouveau quotidien de maman, de femme active, de femme tout court, souvent seule. On a toujours eu confiance en elle et ça ne changera pas, elle va de l'avant, c'est une battante.

Il n'y a rien d'héroïque à cela, on a mis du pragmatisme dans le quotidien, on n'a pas toujours tout dit en temps réel à Arnaud, retardant quelques annonces, on a rationnalisé les choses, on a fait front le jour, et on a pleuré parfois le soir dès lors que tout était rangé et plié pour le lendemain, si je devais imager le propos, la pression retombée. On a fait face comme dans n'importe quelle famille, et ce n'est pas grave, c'est la vie.

C'est un équilibre fragile, la vie. Celle d'un champion aussi. Je trouve qu'Arnaud a fait montre d'un courage immense cette saison. Je dirais même qu'il a atteint des sommets, plus hauts encore que la Bonette.

J'imagine qu'Arnaud vous fait part depuis le début de ce livre de ses doutes. Pas étonnant ! Arnaud est de ces champions qui travaillent, pas de ces coureurs qui misent tout sur leur classe naturelle. Si l'on met un peu de côté les vrais tracas qu'il a dû affronter ces derniers mois, je peux vous confier qu'il a toujours été comme ça. Je ne crois pas connaître de gens aussi pointilleux, méticuleux que lui, presque scolaire, mêlant une exigence exacerbée envers lui-même à une volonté constante de faire plaisir aux autres. Il optimise, il réfléchit à tout, tout le temps, en alerte, et presque trop. Il m'arrive de le lui dire. Ses questionnements sont incessants, sa peur de mal faire est quotidienne, son besoin que tout soit en place est impérieux, ancré. Il avance sur un fil, à la limite de dérailler parfois.

Comme ce jour des résultats du baccalauréat. Il ne l'avait pas eu la première fois, et il y avait plein de bonnes raisons à cela, à bien y regarder : il avait choisi la filière scientifique, exigeante, il s'entraînait beaucoup sitôt sorti des cours, il était tout le temps parti en compétition partout en France et dans le monde le week-end, il vous l'avait raconté dans son premier livre. Difficile donc, de fournir les efforts nécessaires pour obtenir son diplôme, bien qu'étant sérieux et aimable. Ce jour-là, je l'avais vu fragile et questionnant, tout se mélangeait dans sa tête : *« Je suis un nul. Je n'ai même pas eu mon bac. »* Il parlait des copains : *« Eux ils sortent, maman, ils s'amusent. Mais moi je n'aime pas ça. Je n'aime pas boire ni faire la fête ni aller au bar ou en boîte de nuit. J'aime le sport, le vélo et la nature. »* Il y avait eu cette question : *« Est-ce que je suis normal, maman ? »* Je lui avais dit que oui, bien sûr, que c'était sa vie, qu'il avait le droit d'aimer ce qu'il aime, que c'était aussi une qualité de ne pas être comme les autres, qu'il allait y arriver. Vous voyez ? Il a fait une deuxième année de Terminale et il a eu son bac.

Son existence est jalonnée de moments comme celui-là. À l'été 2023, je l'ai aussi vu malheureux, et même en état de choc, lorsque l'histoire s'est arrêtée avec l'équipe Groupama-FDJ. Ça a été d'une grande brutalité tout ça. Il a pris une claque, blessé de ne pas être retenu pour le

Tour de France puis non reconduit, lui qui est sincère, respectueux, loyal. Il a voulu rebondir vite, il a tout de suite été bien accueilli et entouré chez Arkéa. Mais imaginez alors, compte tenu de ce que je vous raconte, le nombre de questions qui l'ont assailli, à quel point sa volonté de bien faire a été décuplée. Sans doute trop, sans doute pas assez canalisée.

Cela explique encore bien des choses sur la saison qu'il vit, où il sprinte finalement peu, reste le cul sur la selle, où il est empêché parce que ça tombe juste devant lui, où ses performances atteignent un niveau de frustration jamais connu jusque-là. Ça me désole pour lui, tout comme les critiques de ceux qui ne savent pas mais qui jugent. Le voir sur le Tour de France et s'y battre comme il l'a fait tenait de l'exploit et je ne suis même pas sûre qu'il en avait pleinement conscience, trop concentré sur ses résultats.

Je me demande souvent comment il a fait pour ne pas exploser en vol cette année, car c'était notre crainte. Mais je sais aussi, un peu plus encore désormais, qu'il est un combattant né, un vrai courageux, avec sa fierté, ses valeurs et sa grande sensibilité sous ses airs un peu froid parfois, voire pas très aimable. Il tient de moi sur ce point, paraît-il.

Il grandit bien, Arnaud. Il vieillit bien, notre fils. Un jour, il se rendra compte de tout ce qu'il a accompli ces quinze dernières années. Un jour, il savourera, apaisé, sa famille à ses côtés. Il profitera. Il l'aura bien mérité.

Je suis convaincue que les mots qu'il pose ici font déjà office de thérapie et le poussent vers une belle fin de saison. Il aura de l'élan pour la suivante, que je lui souhaite d'ores et déjà magnifique. On sera là. On sera toujours là. »

Parenthèse

Lundi 23 septembre

Quelques pensées comme ça.

Maman vient donc de dévoiler mon redoublement en Terminale scientifique… Un souvenir assez douloureux, j'avoue. Je m'étais présenté au rattrapage avec 9,80 sur 20 de moyenne, j'avais juste à accrocher un demi-point dans une matière à fort coefficient. Et non. J'ai toujours à l'esprit que mon oral s'était joué à la tête du client. Je réentends le professeur me dire : « *Ah oui, vous faites du vélo ? Mais il va falloir choisir entre le vélo et l'école, jeune homme. Vous avez été très souvent absent.* » Bah oui, j'étais souvent parti. Des courses en Croatie, puis en République Tchèque avec l'équipe de France. Morgane était en classe avec moi. On n'était pas encore ensemble et elle-même ne comprenait pas ce que je faisais. Je me dis qu'aujourd'hui, avec les réseaux sociaux, j'aurais été la coqueluche du lycée.

Je partais, je revenais, un vrai courant d'air. Finalement, personne ne me comprenait vraiment, je n'avais pas les mêmes centres d'intérêts que les autres, pas le même rythme. J'avais mes entraînements, les déplacements, les courses, le camping-car des parents qui m'attendait sur le parking du lycée pour que je puisse m'y changer sitôt les cours terminés et partir rouler.

Je faisais ce que je pouvais. J'adorais les Sciences de la vie et de la terre, les cours sur la photosynthèse. Les plantes, déjà. Sans le savoir. J'avais eu 16 ou 17 sur 20 je crois.

Mais j'aurais aimé être un peu plus écouté, considéré. Le bonheur n'est pas une filière, certes, mais je peinais à tout concilier et le système scolaire ne m'aidait pas. J'aurais pu partir en section sport études, mais c'était à Caen, soit à près de trois heures de route de la maison, ça signifiait l'internat et je ne voulais pas partir pour des « peut-être ». Je me revois en train de réviser un bac blanc la veille du Trophée Centre Morbihan dans une petite chambre. Certains ont très bien réussi comme Romain Bardet ou Valentin Madouas, mais pour des besogneux comme moi, ça demandait plus d'efforts.

Les athlètes qui ont très tôt des heures d'entraînement pourraient être mieux accompagnés. Je me souviens avoir lu un article dans lequel une psychologue du sport, Delphine Herblin, disait qu'il y avait des Léo Messi partout dans les rues mais qu'on passait probablement à côté pour des tas de raisons, notamment celle-là. On a tous entendu Florent Manaudou avant les Jeux olympiques dire que la France n'était pas un pays de sport. Il a suscité une vive polémique. Je ne fais pas de politique, je ne suis le porte-parole d'aucun mouvement, mais je le rejoins. J'ai l'impression que le pays ne porte pas assez ses élites. La France est magnifique pour la pratique loisir, portée par des milliers de bénévoles admirables, il n'y a qu'à se pencher pour trouver des courses sur route, des trails, des randos qui fleurissent partout chaque week-end et toute l'année. C'est formidable. Mais il n'y a pas de sport de masse sans élite et cette élite manque d'appuis. Des JO de Paris, j'ai retenu que, tout de même, toutes ces médailles françaises ont été conquises avec le cœur, la force et l'engagement.

Maman a raison quand elle dit, aussi, que je me sentais en décalage, presque anormal. J'avais déjà une passion qui m'obsédait, je voulais réussir. J'aimais le vélo, la nature, je n'allais pas au McDo avec les copains en semaine parce que je courais le dimanche et que je préférais bien m'alimenter. Quand j'avais une heure de libre dans la journée, je faisais mes devoirs pour gagner du temps et pouvoir m'entraîner le soir. Mais j'ai l'impression qu'aujourd'hui, les jeunes assument plus facilement les choses, leurs modes de vie, le fait de ne pas boire d'alcool, de ne pas aimer les boîtes de nuit, préférant un bout de chemin de grande randonnée entre copains ou copines, un dix kilomètres, un week-end en montagne pour monter dans un refuge. C'était plus rare il y a une quinzaine d'années, moins accessible.

À l'approche de la trentaine, ce décalage avec les autres s'est estompé, les centres d'intérêts évoluent, se resserrent. David et Ingrid, notre nounou, ont une dizaine d'années de plus que nous. On part faire quelques treks ensemble de temps en temps, des courses à pied. Pareil avec les cousins, comme si nos trois ans d'écart n'existaient plus. Ils m'ont d'ailleurs embarqué dimanche prochain à la Ronde picarde, une cyclosportive organisée par Henri Sannier. Je l'avais faite en 2019 avec mon groupe de copains sparring-partners et j'avais aimé.

Ça fera office d'entraînement, une sortie ludique. Je sais déjà comment ça va se passer : on fera la popotte nous-mêmes et on dormira dans le van. On se tirera la bourre sur un parcours longeant les coteaux et la baie de Somme. On terminera rincés, on se lavera avec des jerricans d'eau au cul des voitures. On appréciera un café chaud en refaisant nos courses et celles des filles, ravis d'avoir fait soixante-dix kilomètres, les doigts encore engourdis par cette première « piquette » de l'hiver. Une certaine idée du bonheur et du sport loisir.

Et de 97 !

Mardi 24 septembre

Retour sur la victoire à Paris-Chauny, la deuxième de la saison, la 97e de sa carrière chez les professionnels.

C'était usant ce Paris-Chauny. On a quand même avalé deux mille mètres de dénivelé, c'était assez nerveux dans le final, toujours un peu de vent, des attaques décousues. Je n'avais pas de bonnes sensations au début. J'avais mal aux pattes, je doutais. Quand ça accélérait, quand ça montait des talus, ce n'était pas fou fou. Pas comme aux championnats d'Europe en tout cas. J'ai donc essayé de m'économiser au maximum, de rester placé, de patienter en attendant que les sensations s'améliorent, comptant aussi sur l'adrénaline du final pour oublier cet état. Dan était moins bien. Miles a pris sa place dans le train à l'approche du dernier virage.

On a réussi à bien se dégager, le long du trottoir, presque dans le caniveau, à la limite de tomber. Ça s'ouvre. J'étais loin. Il fallait que je vire idéalement dans les trois premières places. Je me suis retrouvé 5e ou 6e, mais tous les mecs devant moi avaient déjà fourni un gros effort avant le virage contrairement à moi. Sur ma relance, je pousse fort, je recolle vite les roues, je pars et je me dis on verra. J'ai eu peur qu'un mec prenne mon aspiration et me saute sur la ligne mais non, j'ai fini devant, proprement, tout en force. Au niveau des statistiques, c'était très bien aussi : 24 secondes à 1200 watts avec une puissance max à 1500 watts. Très beau sprint.

On s'est félicités avec les gars, vous avez peut-être vu les images. Et là, il fallait que je trouve Morgane. Les filles étaient là depuis le matin : maman, Morgane, Margaux. Il y avait aussi David, Ingrid. Ma sœur était venue au départ, avec Rose et Louis. J'avais pu en profiter un peu, jouer avec les enfants, assis dans les marches du bus de l'équipe.

Mais il fallait que je trouve Morgane. Cette victoire était symbolique pour nous. C'est la première fois, cette saison, que je gagnais devant elle. Elle est apparue. Elle courait le long des barrières avec Margaux dans les bras. Ça m'a ému aux larmes. Elle m'a sauté dessus comme si j'avais gagné une grande classique. Si des gens nous ont observés, ils ont dû nous prendre pour des fous. Pourquoi sont-ils aussi heureux alors qu'on parle là de Paris-Chauny. Vous qui lisez ce livre, vous savez. C'est pour tout ça qu'on était contents.

Aussi, parce qu'il n'y a pas de petites victoires, je vous le répète assez comme ça.

Paris-Chauny était l'une des dernières courses du Nord qui me résistait. Objectif coché. Ça nous a fait du bien à tous. Ça m'a replongé un peu dans ma frustration des championnats d'Europe, où je me sentais vraiment en grande forme mais où je n'avais pas pu m'exprimer, je vous l'ai raconté. Bref. Me voilà rendu à 97 victoires chez les professionnels, ce qui n'est pas rien. Surtout, ce n'est pas fini. La barre des 100 est là, toute proche, elle qui me semblait si lointaine à mesure que la saison passait.

Je vais prendre la route pour la Belgique tout à l'heure direction le Circuit du Houtland. Il fait un temps pourri, comme un retour en arrière alors que la saison se termine. Ils annoncent pluie et vent demain pour la course. Il faut avoir envie. Je suis allé au jardin ce matin avant un petit déblocage sur home-trainer. C'est la fin. Le petit crachin, les framboises qui prennent la flotte, les pieds de tomates qui noircissent. La terre avait son goût d'automne.

Feuillette

Mardi 24 septembre (bis)

Pause déjeuner.

J'ai fait mon petit déblocage sur le home trainer. Morgane n'avait pas le temps de repasser par la maison ce midi avant que je parte en Belgique. Elle m'a envoyé un message pour qu'on se rejoigne chez Feuillette, une boulangerie, entre deux rendez-vous. J'ai préparé ma popotte, je voulais mes féculents. Elle a acheté un sandwich. Elle m'a pris une salade. Je l'ai rejointe. On a mangé dans le van. On a profité d'une demi-heure ensemble. Ce n'est pas grand-chose, mais on était super heureux.

Les maternelles

Vendredi 30 septembre

À propos de Margaux.

Depuis le début de ce livre, je réfléchis à la façon dont je pourrais vraiment vous parler de ma fille Margaux. Je voudrais y mettre que des beaux mots, vous dire tout ce que je ressens au plus profond de mon être depuis qu'elle est née. Je voulais tout bien construire et puis je tourne en rond, en boucle, je n'y arrive pas. Alors je vais vous dire tout ce que j'aime, je vais tout vous mettre là en vrac et vous vous servirez.

Elle change toutes les semaines, Margaux. Un rien parfois, une attitude. En ce moment, ce sont des nouveaux mots tous les jours. Elle imite aussi. Les copains chez la nounou. J'ai l'impression qu'elle sait toujours ce qu'elle veut. « Tu veux un câlin ? » Elle vous répond un oui très vif, spontané. « Tu as encore faim ? » Elle vous dit non et vous savez que ce n'est pas la peine de lui proposer autre chose. Elle sait. Contrairement à moi qui suis toujours indécis.

Les six premiers mois, on a découvert la vie de parents. Désormais, on ose, on tente, conscients qu'il n'y a pas de modèle parfait, abandonnant gentiment un idéal dans lequel on s'était projetés. Devenir parent, c'est sans doute comprendre et accepter qu'au bout du bout, on fait ce qu'on peut, comme on peut.

On a notre petite routine en ce moment. Morgane part courir. J'installe Margaux devant moi sur le vélo. J'ai acheté un siège et un mini-guidon sur lequel elle peut poser ses petites mains. J'ai ajouté récemment une grosse sonnette, qu'on nous a offerte, avec laquelle elle s'amuse. Elle adore quand on part en balade. Elle bavarde, je ne comprends pas tout. Elle rigole. On fait un petit dérapage, on encourage maman devant nous, ça dure une demi-heure ou plus. Je vais la chercher chez la nounou, je lui dis « on va faire du vélo ? », elle me dit « casque, casque ». On se couvre bien, elle me dit « go, go ».

Je m'étais projeté dans tout ça. Quand je la vois manger des framboises au milieu du jardin assise sur le banc, c'est exactement ce dont je rêvais. Quand on prend le bain. Quand elle plonge ses mains dans les sacs des graines. Quand elle réclame, qu'elle dit « encore ».

Hier encore, alors qu'on avait tous fini de manger, on est montés à l'étage. On s'est allongés dans sa chambre, on a installé quelques futons à côté de son lit à barreaux. Elle s'est posée sur moi. On se raconte alors notre journée, tous les trois, comme on ferait défiler les images d'un film. J'aime bien faire ça plutôt que de lire des histoires. Elle ne bouge plus, elle nous écoute, on est dans la pénombre éclairés par sa veilleuse, elle égrène les prénoms des copains chez la nounou, elle rigole, on la sent s'apaiser, on parle parfois du lendemain. Elle s'endort doucement. On quitte la chambre à pas de chat. Longtemps, j'ai eu la sensation, au moment de m'endormir, d'avoir Margaux encore posée sur mon torse, son poids sur ma cage thoracique.

Quand elle était bébé, j'adorais nos moments de peau contre peau, le soir ou avant les siestes. Elle était en couche. Elle m'a appris que ça respirait fort, un bébé. J'entendais son souffle, je vivais ses endormissements, ses longs soupirs de bien-être, sans retenue. Ces soupirs-là n'ont pas de prix. Ils sont gravés en moi pour toujours.

Quand elle est arrivée dans nos vies, elle a pris une vague d'amour proportionnelle au nombre d'années fusionnelles que l'on avait passées ensemble avec Morgane. On a pas mal de jeunes parents dans notre entourage. Chacun vit les choses à sa manière. J'adore échanger sur ce sujet. Moi, je suis à fond.

Je m'étais préparé un peu. J'ai beaucoup regardé Les Maternelles, l'émission de France 5, souvent en replay ou via YouTube. Tous les sujets m'intéressaient et tous étaient abordés. Exemple : comment voyager avec un bébé ?

J'ai aussi passé beaucoup de temps sur les questions de matériel. Des heures à comparer les modèles de poussettes, les chauffe-biberons, tout. Comme un mécano. Et il se trouve que quand je me lance dans une recherche, il faut que je regarde bien tout ce qui existe sur le marché planétaire pour ensuite comparer, affiner ma réflexion et faire un choix. C'est presque obsessionnel et je dois dire que je me fatigue moi-même parfois. On me dit souvent que tel ou tel article est très bien. Mais non, je suis persuadé qu'il existe mieux, ou plus pratique, ou plus confortable. Je suis chiant là-dessus, insupportable. C'est pareil pour tout : on me conseille du matériel de musculation, mais non, je vais aller chercher un truc plus compact, différent. Notre équipement de trek : j'avais déniché après quelques jours de recherche, une tente qui pesait 1,2 kg, une des plus légères du marché, qui prenait la place d'une bouteille d'eau. Pas peu fier.

Pour la poussette, on a eu de longues discussions avec « Kono », mon ancien partenaire à la Groupama-FDJ : « T'en penses quoi du modèle Yoyo ? » Ce n'était pas une mince affaire, la poussette. On habite tout de même à la campagne, il faut de bonnes roues, il faut aussi que ce soit assez compact pour la rentrer facilement dans le coffre de la voiture. Et je trouvais les roues de la Yoyo trop petites. Bref, des heures de palabres.

J'avais aussi acheté plein de vêtements d'allaitement pour Morgane, des sweats avec des zips sur les côtés, je cherchais ce qu'il y avait de plus beau, ce qui se révélait parfois peu pratique.

On a aussi acheté des livres de la collection Montessori, sans pour autant trop théoriser l'éducation ni avoir de grands principes. J'ai surtout envie de montrer à Margaux qu'on est là. J'essaie de ne pas lui montrer que j'ai peur. Je la laisse entreprendre de grimper l'escalier tout en me mettant derrière elle. Je lui enlève les chaussons pour qu'elle ait plus de grip pieds nus, et hop hop hop.

On a la chance d'avoir une fille qui écoute. J'ai la sensation, déjà, d'avoir confiance en elle. Quand elle tombait en apprenant à marcher, je lui demandais juste si ça allait, sans en rajouter, sans faire un drame d'une petite chute. J'ai envie de la guider vers son autonomie plus que de la mettre en garde ou la gronder.

Il y a quelques jours, Morgane m'a fait me rendre compte de quelque chose : Margaux, par sa présence, ses petites attitudes, nous rouvre les yeux sur le monde qui nous entoure. Elle passe par exemple beaucoup de temps à sentir les fleurs. Elle fonce sur la moindre jardinière, touche, respire, prend dans ses mains. Peut-être parce que très vite, au jardin, on lui a arraché de la menthe, du thym, de la citronnelle, des roses, de l'eucalyptus, on s'est frotté les mains dans les brins de lavande. C'est merveilleux d'observer cet éveil aux choses et d'y participer. Il lui arrive de s'arrêter pendant un moment devant une vitrine que nous, les adultes, ne voyons même plus. Elle nous fait du bien, cette petite.

Quand elle appelle le matin, avec sa petite voix aiguë, que j'entends « Papa, papa », ça me prend au cœur dans la seconde. Le fait d'être un courant d'air à la maison me permet sans doute de profiter de chaque moment à fond. Et ça ne m'empêche pas de lui dire non quand elle fait des bêtises.

Chaque jour, je suis surpris par l'amour que l'on peut porter à son enfant. J'aime sentir ses cheveux après le bain. Nos applis sont remplies de photos d'elle, par milliers, presque saturées. On a un groupe WhatsApp pour la famille. On le bombarde de photos de Margaux, à tel point que je me dis parfois que ça doit être fatiguant pour les autres… Mais que voulez-vous.

Ce matin, au départ de Paris-Tours, elle a encore été la meilleure des supportrices. Plus le speaker parlait fort, plus elle était heureuse. Je n'ai lâché sa main que cinq minutes avant le départ, elle était dans les bras de mamie, derrière les barrières. Elle a crié « Papa, papa, papa » en applaudissant. Il y a eu le compte à rebours au micro, « 9, 8, 7, 6… ». Je l'ai vue faire un grand sourire, émerveillée par ce petit vacarme, là ou d'autres enfants auraient été effrayés. À « 0 », je l'ai entendue crier « Allez papa » dans mon dos. Ça m'a donné des frissons pendant tout le départ fictif, tout mon corps résonnait.

Quand je suis arrivé, maculé de boue, je lui ai fait une blague, mimant un énorme câlin en m'approchant d'elle. Elle a reculé en riant. Je devais être effrayant, c'était un sacré chantier ce Paris-Tours.

Je crois qu'elle adore venir sur les courses. Elle a pris le rythme. On en parlait avec maman en rentrant tout à l'heure, alors que Margaux s'endormait. J'espère qu'elle en conservera quelques petits souvenirs, qu'elle racontera un jour que c'était trop bien les retours de courses avec papa, qu'elle mangeait ma collation, ma crêpe, mon flan ou ma compote, qu'elle buvait une gorgée d'eau qui pique et lui arrachait une larme, qu'elle en redemandait en rigolant, qu'elle tapait dans mon sandwich mais n'aimait pas le fromage dedans.

Je suis fier d'être le mari de Morgane. Je suis fier d'être le papa de Margaux.

Épilogue

Est-ce que je peux vous avouer quelque chose avant qu'on se quitte ? Je n'ai pas envie de débattre autour de ce livre, pas envie de projecteurs braqués, je n'ai pas envie de questions. J'aime l'idée de le déposer là, avec ce qu'il dit de moi, de nous, du cyclisme, de la paternité, du jardin ou de la vie. Avec ce qu'il dit de mes ratés, de mes douleurs, de mes fragilités, de mes émerveillements et de mes forces. J'aime l'idée de vous le confier et que cela reste entre nous.

J'aimerais juste que ce livre donne envie à des gamins de faire du vélo, car c'est une belle chose que de pédaler. J'aimerais que les femmes qui le liront, celles qui vivent des moments pénibles, se sentent soutenues, écoutées, entourées, que les hommes qui le liront prennent soin d'elles. J'aimerais que celles et ceux qui traversent des périodes sombres de leur vie se sentent moins seuls, se disent qu'on a beau être connu, gagner un peu d'argent, on peut tout à fait traverser des phases difficiles, galérer ; aussi que celles et ceux qui peinent aient conscience que rien ne s'obtient facilement. J'ai beau avoir levé les bras sur des courses prestigieuses, ce n'est pas facile de gagner un Paris-Chauny, je vous assure que c'est une joie entière, non feinte, que d'y parvenir.

À celles et ceux qui doutent, j'aimerais qu'ils sachent que ça vaut toujours la peine de se battre, de ne rien lâcher, de ne jamais perdre de vue que ces moments ont un début et une fin, qu'ils passent, que tout passe.

À celles et ceux qui nous regardent à la télévision ou sur Netflix, qui nous lisent dans les journaux, qui sont des passionnés, des supporters, je voulais vous dire combien nous sommes des hommes et des femmes derrière les masques de champions et de championnes, des funambules du quotidien, que nos vies professionnelle et personnelle sont intimement liées, forment un tout, comme chez vous.

À celles et ceux qui croient que ce livre est la vérité, j'aimerais leur dire que c'est juste la vérité d'une saison telle que je l'ai vécue et écrite au fil des jours, sans ratures ni gomme, avec la volonté de jeter les choses comme je les ai ressenties, quitte parfois à me mentir à moi-même à certains moments de la saison, je m'en suis rendu compte après coup. Je ne vous ai pas dit, sur le moment, que j'avais parfois la boule au ventre avant un simple entraînement, la peur de ne pas y arriver, la volonté d'être irréprochable ou alors le trop plein d'émotions, retardant le départ de la maison de quelques minutes. Je ne vous ai pas dit que parfois, j'en étais là. Je ne le savais pas moi-même, je crois.

C'est peut-être pour ça, d'ailleurs, que maman me disait que ce livre aura une vertu quasi thérapeutique. C'est, au moins, un témoignage.

Voilà. J'ai fait ce que j'ai pu. On fait ce qu'on peut dans nos vies charriées.

Je suis heureux de vous déposer ça là, de vous avoir emmenés sur mon porte-bagages une année de plus. Je suis heureux de me dire que ma vie de coureur cycliste continue, que je vais tout faire pour franchir le cap des 100 victoires chez les professionnels, je trouve que c'est un bel objectif. Je sais que les quelques semaines à venir en famille vont me faire du bien. Je suis gourmand de ces moments. Je vais les dévorer. J'ai envie de faire plein de choses, j'ai préparé ma « to do list ».

J'en ai d'ailleurs plusieurs, dont une pour quand je serai retraité, débarrassé de cette pression « d'être ». Je veux emmener les filles au Canada à l'automne. Je veux qu'on parte trois mois en camping-car faire un tour d'Europe. Je leur ferai des mots d'absence. Depuis le début de ma carrière, au fil de mes voyages de coureur privilégié, je dis souvent à Morgane *« un jour je t'emmènerai là »*. Les rues piétonnes et chaleureuses de Québec, les forêts canadiennes à l'automne, les rives du lac Majeur en Italie, les fjords de Norvège. Elle ne le sait pas, mais je note tout depuis dix ans.

Voilà. Je me sens soulagé d'avoir été au bout des choses cette saison, malgré tout. De ne plus avoir à être en forme la semaine prochaine. De ralentir. De ne pas me soucier d'être fatigué ou d'avoir le nez pris, comme aujourd'hui. De vivre.

Je suis heureux de vous déposer ça là, de me dire que je vais à nouveau me battre pour gagner la saison prochaine, parce que j'ai de l'énergie, parce que je ne suis pas fini et que le prouver me challenge, parce que j'aime ce sport, le plaisir qu'il me procure autant que la souffrance qu'il exige dès lors que l'on veut atteindre ses objectifs, assumer son statut de leader, conserver son rang, et lever les bras. Telle est ma quête, elle est toujours existentielle.

Sa saison en chiffres

Arnaud a parcouru **11 829 kilomètres** cette saison en compétition. Il a effectué **71** jours de course. Il a remporté **2** victoires au total, les 96e et 97e de sa carrière.

Date	Classement	Épreuve	Distance
06.10	52	**Paris - Tours Elite (1.Pro)**	213,8
03.10	29	**Sparkassen Münsterland Giro (1.Pro)**	202
25.09	11	**Omloop van het Houtland (1.1)**	195.2
22.09	**1**	**Paris-Chauny (1.1)**	197.2
20.09	24	**Kampioenschap van Vlaanderen (1.1)**	180.2
15.09	11	**European Championships ME - Road Race**	222.8
08.09	12	**BEMER Cyclassics (1.UWT)**	177.5
		Renewi Tour (2.UWT)	
	15	Points classification	
	71	General classification	
01.09	87	Stage 5. Menen - Geraardsbergen2	02.7

31.08	133	Stage 4. Oostburg - Aalter	178.5
30.08	4	Stage 3. Blankenberge – Ardooie	185.5
29.08	67	Stage 2 (ITT). Tessenderlo - Tessenderlo	15.4
28.08	42	Stage 1. Riemst - Bilzen	163.6
		Tour Poitou - Charentes en Nouvelle Aquitaine (2.1)	
	1	Points classification	
	13	General classification	
23.08	**1**	**Stage 4. Fontaine-le-Comte - Poitiers**	175.3
22.08	17 14	Stage 3 (ITT). Ménigoute - Fontaine-le-Comte	29.2
21.08	2 6	Stage 2. Gensac-la-Pallue - Niort	181.7
20.08	10 8	Stage 1. Les Gonds - Cognac	178.5
15.08	10	**Tour of Leuven - Memorial Jef Scherens (1.1)**	
192.7			
		Tour de France (2.UWT)	
19.07	OTL	Étape 19. Embrun - Isola 2000	144.6
18.07	132	Étape 18. Gap - Barcelonnette	179.5
17.07		Étape 17. St-Paul-Trois-Ch. - Superdévoluy	177.8
16.07	18	Étape 16. Gruissan - Nîmes	189
14.07	152	Étape 15. Loudenvielle - Plateau de Beille	197,7
13.07	150	Étape 14. Pau - Saint-Lary-Soulan Pla d'Adet	151,9
12.07	14	Étape 13. Agen - Pau	165,3
11.07	67	Étape 12. Aurillac - Villeneuve-sur-Lot	203,6
10.07	166	Étape 11. Évaux-les-Bains - Le Lioran	211
09.07	23	Étape 10. Orléans - Saint-Amand-Montrond	187,3

07.07	120	Étape 9. Troyes - Troyes	199
06.07	32	Étape 8. Semur-en-Auxois - Colombey	183,4
05.07	113	Étape 7 (ITT). Nuits-Saint-Georges - Gevrey	25.3
04.07	7	Étape 6. Mâcon - Dijon	163,5
03.07	7	Étape 5. Saint-Jean-de-Maurienne – St-Vulbas	177,4
02.07	160	Étape 4. Pinerolo - Valloire	139,6,
01.07	27	Étape 3. Plaisance - Turin	230,8
30.06	162	Étape 2. Cesenatico - Bologne	199,2
29.06	101	Étape 1. Florence - Rimini	206
23.06	62	**Championnats de France**	240.6
		Tour de Suisse (2.UWT)	
	130	Classification générale	
16.06	126	Stage 8 (clm). Aigle - Villars-sur-Ollon	15.7
15.06	145	Stage 7. Villars-sur-Ollon - Villars-sur-Ollon	118.2
14.06	126	Stage 6. Ulrichen - Blatten	42,5
13.06	150	Stage 5. Ambrì - Carì	148,6
12.06	155	Stage 4. Rüschlikon - Col du Gothard	171
11.06	110	Stage 3. Steinmaur - Rüschlikon	161,7
10.06	85	Stage 2. Vaduz - Regensdorf	177,3
09.06	93	Stage 1 (ITT). Vaduz - Vaduz	4.77
		Quatre Jours de Dunkerque	
84		Classement général	
19.05	81	Stage 6. Loon-Plage - Dunkerque	176.8
18.05	81	Stage 5. Arques - Cassel	179.1

17.05	81	Stage 4. Mazingarbe – Pont-à-Marcq	166.8
16.05	53	Stage 3. Saint-Laurent-Blangy - Bouchain	165.1
15.05	95	Stage 2. Wimereux - Abeville	184.3
14.05	123	Stage 1. Dunkerque – Le Touquet	170
27.03	DNS	**À Travers la Flandre** (1.UWT)	188,6
24.03	60	**Gent - Wevelgem** (1.UWT)	253.1
20.03	34	**Classic Brugge - De Panne** (1.UWT)	198.9
16.03	43	**Milano – San Remo** (1.UWT)	288
13.03	17	**Milano - Torino** (1.Pro)	177
		Paris - Nice (2.UWT)	
09.03	DNS	Stage 7. Nice - La Madone d'Utelle	104
08.03	123	Stage 6. Sisteron - La Colle-sur-Loup	198.2
07.03	14	Stage 5. St-Sauveur-de-Montagut - Sisteron	193.5
06.03	129	Stage 4. Chalon-sur-Saône - Mont Brouilly	183
05.03	15	Stage 3 (TTT). Auxerre - Auxerre	26.9
04.03	13	Stage 2. Thoiry - Montargis	177.6
03.03	77	Stage 1. Les Mureaux - Les Mureaux	157.7
25.02	44	**Kuurne-Brussel-Kuurne** (1.Pro)	196.4
		Volta ao Algarve em Bicicleta (2. Pro)	
14		Points classification	
103		General classification	
18.02	110	Stage 5. Faro - Alto do Malhão	165.8
17.02	58	Stage 4 (ITT). Albufeira - Albufeira	22
16.02	38	Stage 3. Vila Real de Santo António - Tavira	192.2

15.02	107	Stage 2. Lagoa - Alto da Fóia	171.9
14.02	5	Stage 1. Portimão - Lagos	200.8
11.02	11	**Clasica de Almeria** (1.Pro)	192.3
28.01	5	**Trofeo Palma** (1.1)	150
26.01	117	**Trofeo Serra Tramuntana** (1.1)	153.8
25.01	29	**Trofeo Ses Salines-Felanitx** (1.1)	181.2

Son palmarès

2024
Paris-Chauny
Tour du Poitou-Charentes (étape 4)

2023
Paris - Bourges
Tour de Vendée
Brussels Cycling Classic
Boucles de la Mayenne (classement par points)
Boucles de la Mayenne (étape 2)

2022
Paris - Tours
Grand Prix d'Isbergues - Pas de Calais
Tour de Pologne (étape 7 et classement par points)
La Route d'Occitanie - La Dépêche du Midi (étape 1)
Tour d'Italie (maillot cyclamen)

Tour d'Italie (étape 13)
Tour d'Italie (étape 6)
Tour d'Italie (étape 5)

2021
Paris - Tours
Boucles de la Mayenne (classement général)
Boucles de la Mayenne (étape 2)
Boucles de la Mayenne (étape 3)
Boucles de la Mayenne (étape 4)
La Roue Tourangelle
Route d'Occitanie (étape 2)
Tour de Valence (étape 2)
Tour de Valence (étape 5)

2020
Championnat de France
Milan-Turin
Tour d'Italie (maillot cyclamen)
Tour d'Italie (étape 11)
Tour d'Italie (étape 7)
Tour d'Italie (étape 6)
Tour d'Italie (étape 4)
Tour de Luxembourg (étape 2)
Tour de Wallonie (classement général)
Tour de Wallonie (étape 4)
Tour de Wallonie (étape 2)
Tour du Poitou-Charentes (classement général)
Tour du Poitou-Charentes (étape 5)

Tour du Poitou-Charentes (étape 2)
Tour du Poitou-Charentes (étape 1)

2019
Route d'Occitanie (étape 2)
Route d'Occitanie (étape 4)
Tour d'Italie (étape 10)
Tour de Slovaquie (étape 4)
Tour de Wallonie (étape 4)

2018
Paris-Nice (étape 1)
Tour de France (étape 18)
Tour de Suisse (étape 8)
Tour du Poitou-Charentes (classement général)
Tour du Poitou-Charentes (étape 1)
Tour du Poitou-Charentes (étape 2)
Tour du Poitou-Charentes (étape 3)
Tour du Poitou-Charentes (étape 4)
Tour du Poitou-Charentes (étape 5)
2e Hamburg Cyclassics
3e Gand-Wevelgem
3e Milan-San Remo

2017
4 Jours de Dunkerque (étape 2)
Brussels Cycling Classic
Championnat de France
Etoile de Bessèges (étape 1)

Etoile de Bessèges (étape 4)
GP de Denain
Halle-Ingooigem
Paris-Nice (étape 1)
Tour de France (étape 4)
2e Hamburg Cyclassics
6e Milan-San Remo
6e Paris-Roubaix

2016
Binche-Chimay-Binche
La Méditerranéenne (étape 2)
Milan-San Remo
Paris-Nice (étape 1)
Route d'Occitanie (étape 5)
5e Gand-Wevelgem

2015
Tour de Belgique (étape 2)
Tour de Belgique (étape 3)

2014
4 Jours de Dunkerque (classement général)
4 Jours de Dunkerque (étape 1)
4 Jours de Dunkerque (étape 2)
Championnat de France
Championnat des Flandres
GP d'Isbergues
Halle-Ingooigem

Tour de Picardie (classement général)
Tour de Picardie (étape 2)
Tour de Picardie (étape 3)
Tour de l'Eurométropole (classement général)
Tour de l'Eurométropole (étape 1)
Tour de l'Eurométropole (étape 2)
Tour de l'Eurométropole (étape 4)
Tour du Qatar (étape 6)
2e Gand-Wevelgem

2013
4 jours de Dunkerque (classement général)
4 Jours de Dunkerque (étape 1)
4 Jours de Dunkerque (étape 2)
4 Jours de Dunkerque (étape 3)
Binckbank Tour (étape 2)
GP d'Isbergues
GP de Denain
London & Surrey Classic
Tour de Suisse (étape 4)

2012
Jours de Flandre Occidentale (étape 2)
Cholet - Pays de Loire
Hamburg Cyclassics
Le Samyn
Route d'Occitanie (étape 2)
Tour du Qatar (étape 6)

2011
Championnat du Monde U23
GP de Saguenay (étape 1)
GP de Saguenay (étape 4)
La Côte Picarde
La Ronde Pévèloise
Tour d'Alsace (étape 3)

2010
GP de Pérenchies
GP de Saguenay (étape 4)

Remerciements

Je tiens à remercier Mathieu, qui n'a jamais abandonné ce livre. Merci pour ton écoute, ta patience, merci d'avoir su retranscrire ce que j'ai vécu.

Merci Morgane, mon cœur.

Merci Margaux, merci pour ton sourire.

Merci papa, maman, Hélène, merci pour votre force.

Merci les amis, merci d'être là.

Merci l'équipe Arkéa-B&B Hotels, merci pour votre soutien sans faille.

Merci à mes équipiers, merci pour votre engagement.

Merci à toute l'équipe de Talent Éditions pour votre confiance, merci de nous avoir laissés évoluer à notre rythme.

Arnaud Démare

Je tiens à remercier Arnaud, je n'ai plus de mots, sa très chère Morgane, Nadine, Josué. Et puis un jour, quand elle comprendra, on racontera ce grand voyage littéraire à Margaux.

J'ai une pensée chaleureuse pour Christophe Penot et Yannick Houée ; pour Jérôme Bergot et Clément Commolet, mes anciens camarades de classe.

Des bouquets pour Emmanuel Laureau et toute l'équipe de Talent Éditions. Merci pour votre confiance.

Des bouquets pour les miens.

Mathieu Coureau

ARNAUD
DÉMARE
Une année
dans ma roue
Avec
Mathieu Coureau
Talent Sport

ALBERTO
CONTADOR
EL PISTOLERO
Clément Pernia et Julien Moreau
Talent Sport

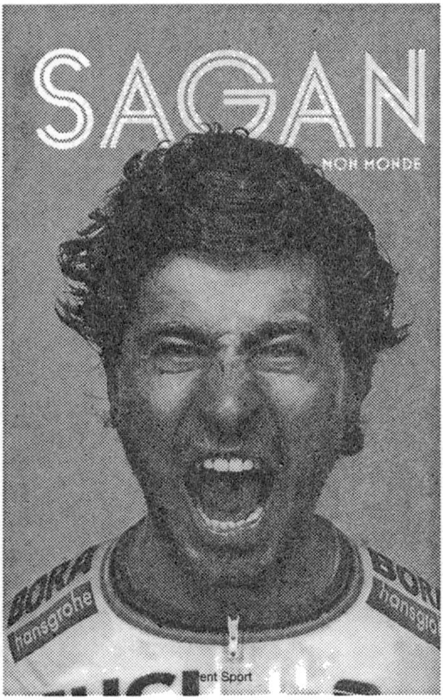
SAGAN
MON MONDE

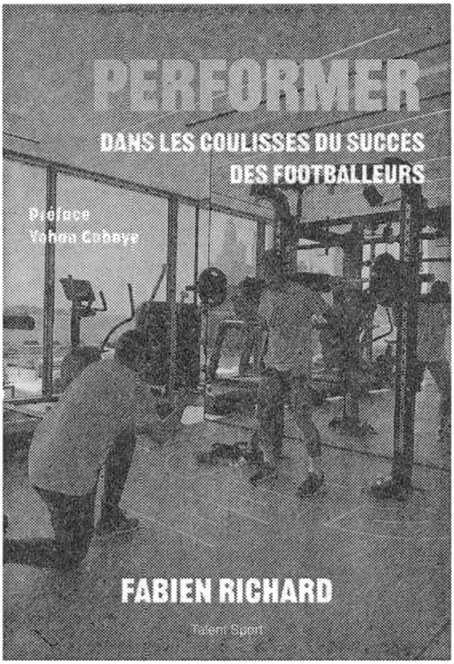
PERFORMER
DANS LES COULISSES DU SUCCÈS
DES FOOTBALLEURS
Préface
Yohan Cabaye
FABIEN RICHARD
Talent Sport

Imprimé en France par CPI
en octobre 2024

Dépôt légal : octobre 2024
N° d'impression : 18082

Talent Éditions est engagé dans le développement durable afin de limiter l'empreinte carbone de la fabrication de ses livres. Soucieux de l'impact environnemental de notre métier, nos ouvrages sont imprimés en France sur du papier certifié issu de plantations gérées de manière écoresponsable. Les livres non commercialisables sont recyclés et réutilisés pour la fabrication d'autres produits cartonnés.
